カウンセラー物語

～心に寄り添う 21 人の軌跡～

湘南社

はじめに

「カウンセラー物語」を手にとってくださり、ありがとうございます。

この本は、カウンセラーになりたい方やカウンセリングに興味のある方に向けて、出版されました。

今、世の中では心の悩みを抱える人が増えている一方で、未だ日本においては、カウンセリングを受ける人は欧米社会に比べて少なく、カウンセリング文化が根付いているとは言えない状況です。

しかし、今の日本はうつ病や精神疾患の方の急増により、確実に相談者（カウンセラー）が必要な社会になっているのも事実です。

そして、このような社会背景の中で、カウンセリングを仕事にしたいと思う人も増えてきています。ところが、いざ仕事にしようとすると、臨床心理士の資格がないとできないと諦める人も多く、また思いだけが先行し、開業したものの、結果的に辞めざるを得なくなる人も少なくありません。

私は今でこそ、心理カウンセリングを生業としていますが、そのような現状を目の当たりにして、何かできることはないかと思いあぐねていたところ、カウンセラー同業者の渡辺里佳さんと、出版社の田中康俊さんとの出会いがあり、思いを伝えたことから本の出版の運びとなりました。


ここに登場する人物は、既に仕事として、カウンセラーや講師をしている人たちです。経歴はさまざまであり、生き様もそれぞれですが、一つ共通していることは、〝人が好きな人たち〟です。

中には、人に裏切られたり、人によって辛い思いをしたりして、自らが心の病になってしまった方もいます。それでも、傷ついた辛い悲しい思いを、人生の原動力に変えて、前を向いて一歩を踏み出した人たちの物語です。


副題は、～心に寄り添う21人の軌跡～

21人は、どのような思いで一歩を踏み出したのでしょう？

そして、〝心に寄り添う〟とは、どういうことでしょう？

人は、心があるから悩んだり苦しんだりします。そんなとき、記憶をなくしてしまいたい！とか、過去を捨て去りたい！　と思うこともあるでしょう。

しかし、心があるからこそ、嬉しいことや楽しいことも感じられるのです。

そんなやっかいな心に寄り添うことを仕事にすることは、人の心の機微に触れることを拒まないということ。それは、まさに〝志事〟と言えるのかもしれません。


この本では、そんな21人の〝志〟を一人ひとり紹介しています。

カウンセラーになろうとした思いや生き様を赤裸々に語ってもらうことで、これからカウンセラーを目指すあなたが、「私もカウンセラーになれるかも！」と勇気がわくような、さらに、人生に迷ったり悩んだりして、カウンセリングを受けたいと思っているあなたが、「気軽に相談していいんだ！」と思ってもらえるような一冊に仕上がっていると思います。


どうぞ、この本を通して、21人に会いに来てください！

そして、あなたの心に届くことを切に願っています。

２０１８年4月　心理カウンセラー・コーチ　日なたみこ

も・く・じ

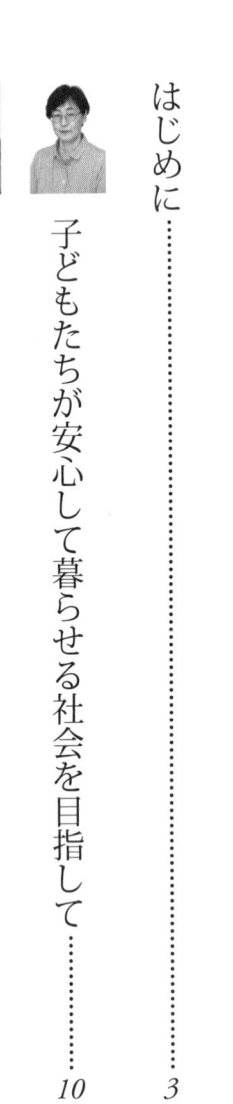

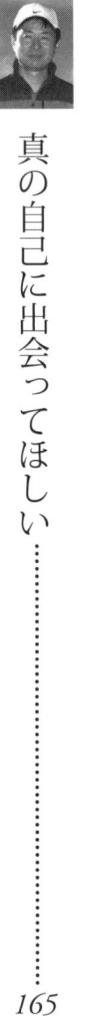

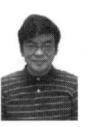

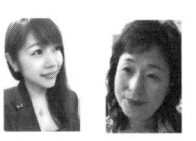

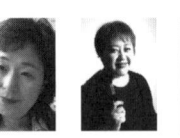

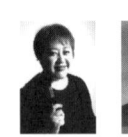

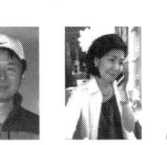

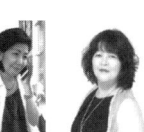

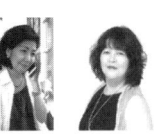

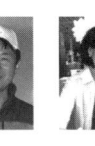

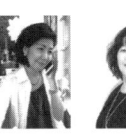

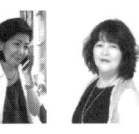

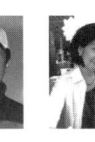

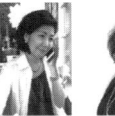

子どもたちが安心して暮らせる社会を目指して

川島多美子（スクールカウンセラー）

1　プロフィール

小学校の頃から海にあこがれて、大学は海洋学部に進学。卒業後、小樽水族館に勤務する。結婚を機に仕事を辞めて静岡で暮らし始める。

３人の息子が小学生の時に子どもの居場所「かっぱらぱ編集室」を始める。それがきっかけとなり心理学の資格を取得。２００３年４月から中学校で教育相談員として働き始める。その翌年、小中学校のスクールカウンセラーとして採用され、現在に至る。

2　はじめに

現在、静岡市や静岡県のスクールカウンセラーになるには、ホームページや広報誌などで一般公募されたものに応募し、面接を通らなければなりません。そこには厳しい規定があります。心理学の資格はもとより、学校内で即戦力として動けるかどうかが問われます。静岡市や静岡県の場合、任期は一年です（平成30年度現在）。一年の間に仕事内容が評価されなければ、翌年の採用はありません。

安定している仕事でないからゆえ、日々自分の技術を磨いていかなければなりません。子どもたちが健やかに成長していけるように、子ども、そしてその保護者、関わっている先生や学校すべてがカウンセリングの対象になります。

周りのスクールカウンセラーを見ると、臨床心理士や精神科医など心理を専門に学んできている人か、元教員だったという人が多いように感じます。そんな中で、地域活動からスクールカウンセラーになった私のような存在は、特異な例かもしれません。

スクールカウンセラーの仕事について書く前に、そのきっかけになった私の地域活動について少しお伝えします。

3　活動の始まりは、子どものいじめの問題からでした

私は、１９９８年12月に、地域で子どもの居場所「かっぱらぱ編集室」をスタートさせました。きっかけは、当時小学２年生だった息子のいじめの問題でした。いじめられた側ではなく

いじめた側として、突然学校に呼び出されたのです。息子とともに校長室へ行ってみると、すでに何組かの親子がそこにいました。担任が子どもたちから聞き取った内容を読み上げ、「あなたたちのせいでAくんは学校に来られなくなった」と言われました。

しかし、私には納得がいきませんでした。そこにいる子どもたちも学校に来られなくなっているAくんも、みんなよく知っている近所の子どもたちです。本当は何があったのか、何がきっかけでAくんが学校に来られなくなったのかを知りたいと思いましたが、何も言い返すことができずに、ただ黙って先生の話を聞いていました。信頼して子どもを預けていた学校から、突然一方的に非難されるばかりで、戸惑いとても悲しい気持ちになったのを覚えています。

きっと昔だったらこんな時に、「あんたの子はそんな子じゃないよ」と励ましてくれる気のいいおばちゃんがいたのだと思います。地域の中で子どもたちを見守ってくれていて、子育てに困ったときに相談に乗ってくれたり、その場で悪いことは叱ってくれる大人がいたんじゃないか、そんなことを学校からの帰り道に考えていました。

と突然、「それなら自分がそんな人になろう」と思い立ち、それから間もなくして、子どもたちの居場所づくりの活動を始めることにしました。

4　「かっぱらぱ編集室」のはじまりと活動内容

息子たちに、「かっぱらぱ編集室という子どもの居場所をつくるよ」と話をしたら、とても喜んでくれました。場所は県営団地の5階にある自宅を使うことに、活動時間は毎週火曜日の夕方5時から6時間30分に決めました。勉強ができないと学校が楽しくなくなるので、活動時間の中の45分間を自主勉強の時間としてとりました。そして、残り45分間はみんなで一緒に遊んだり、自由に好きなことをして良い時間にしました。

初日は、当時小学生だった息子3人と、友だちの子ども1人の合わせて4人からのスタートでしたが、子ども同士の口コミであれよあれよと参加人数が増えていき、あっという間に20人になっていました。

その後、しばらくして自宅では手狭になったので、活動場所を団地の集会場に移し、夏休みや冬休みなど長期の休みをのぞいてほぼ毎週「かっぱらぱ編集室」を開きました。

2002年には学校週5日制の導入に伴って、週末が休みになる子どもたちの居場所にと、月1回土曜日に一日児童館「かっぱら広場」を始めました。

5　心理学との出会い

「かっぱらぱ編集室」でも、一日児童館「かっぱら広場」でも、参加したい子どもは誰でも参加できるようにと考えていました。しかし、保護者の中には「何の資格もない人に子どもを預けられない」と言う人もいました。確かに当時の私は、我が子を育てた経験以外、子育て支援に関しての知識も経験もありませんでした。

そこで、子どもの心が少しでもわかるように何か心理学の資格を取ろうと考え、33歳の時に男女共同参画センターが主催する心理学講座に参加しました。それは、いろいろな心理学やカウンセリングの技法を一日一つずつ学べる連続講座でした。

心理学との出会いは、私にとって驚きの連続でした。自分を知る作業がこんなにも楽しく、心豊かになるものなのかと。

6　まずは教育相談員として学校現場に入る

私がスクールカウンセラーになった15年ほど前は、スクールカウンセラーを中学に全校配置していこうと、国や県が動いていた時期でした。

地域で子どもたちと関わりながら心理学の勉強をしていくうちに、もっと子どもたちのために何かできるのではないかと考えるようになりました。そこで、当時の静岡県の教育委員会に「スクールカウンセラーとして雇ってほしい」と手紙を書きました。どこにそんな勇気があったのか……。まぁ当然ですが、すぐに不採用の連絡がきました。

しばらくしてその話を、当時スクールカウンセラーをしていた臨床心理士の友人にしたところ、「それじゃ〜、私の仕事先の中学校で教育相談員をしてみない?」と誘ってくれました。

翌年の4月から中学校で、教育相談員として働き始めました。仕事は、おもに教室に行けない生徒と、相談室（適応教室）で一緒に過ごすことです。

今なら、学校の中にある相談室が、学校に来られない子どもたちにとってどんなに大切な場所かということが理解できますが、当時の私はそんなこともよくわからずに、毎日が手探りの日々でした。

相談室に来た生徒と、すぐそばにある学校の花壇でいろいろな野菜を作りました。それを記録し、月の終わりには大きな模造紙に1か月にあったことをみんなで書きました。相談室の壁に貼って並べていくと、相談室の1年の流れが一目でわかります。

花壇で野菜を育てていると、教室に行っている生徒が通りすがりに声をかけてくれました。作った野菜は、校長先生や関わってくれている先生たちのところに持っていきます。時には作った野菜で料理をしたりもしました。収穫したサツマイモを一斗缶に入れて、グラウンドで焼き芋を焼いたこともあります。相談室に来ている生徒が通っていた幼稚園や保育園に折り紙で折ったカエルを大量に持っていき、幼稚園児たちと遊んだこともありました。

活動の発想は、「かっぱらぱ編集室」の子どもたちとの関りの中から生まれます。「こんなことをしたら楽しいだろうなぁ」「こんなことをしたら喜ぶだろうなぁ」「こんなことをしたら元気が出るだろうなぁ」など、いろいろな思いやアイディアが次から次へと湧いてきます。当時相談室の担当だった先生にそのことを話すと、すぐにバックアップしてくれて現実のものになりました。どれも今では考えられないことばかりです。15年前の学校や地域には、それを許してくれる懐の広さがありました。

翌年、地域での子どもたちとの活動、交流分析士の資格、学校での相談員の経験を書き、再度、教育委員会に「スクールカウンセラーとして雇ってほしい」と手紙を書きました。今思えばよく雇ってくれたなぁと思いますが、それからしばらくしてスクールカウンセラーとしての採用が決まりました。40歳の時でした。

地域の子どもたちと過ごしてきた「かっぱらぱ編集室」の活動や、不登校の子どもたちとじっくり関わったこの数年間の経験は、現在、スクールカウンセラーとして仕事をする上で、子どもの心を理解する大切な土台となっています。

7　スクールカウンセラーは、子どもの心の翻訳家

「どうしてうちの子は不登校になってしまったんだろう」
「どうして先生の言うことが聞けず、教室を飛び出してしまうんだろう」

「ゲームをやめさせようとすると、反抗してくるのはなぜ？」

「勉強をしようとしないのはどうして？」

スクールカウンセラーの仕事をしていると、カウンセリングに来られる保護者や、子どもたちと関わっている先生方から、いろいろな質問が投げかけられます。そんな時には話を丁寧に聞き、一緒に対応策を考えていきます。

子どもが問題を起こす場合、必ず「理由」があります。しかし、多くの場合子ども自身がそれに気づいていませんし、それを語ることができません。そこで、保護者からは、家族構成や成育歴・現在の状況などを聞き、先生からは学校での様子を聞くなどして、その子が今どんな気持ちでいるのかを推測し、子どもの心の翻訳家として、子どもに代わって保護者や学校に伝えていきます。

気をつけなければならないことは、保護者や先生もまたそのことを通して傷ついていたり心が弱っていたりするので、保護者や先生はその子のために協力し合う関係であると同時に、サポートの対象にもなってきます。

子どもが学校に来られなかったり、問題行動を起こす場合、その多くが子ども自身の問題と捉えられ、保護者や先生は子どもが変わるように働きかけようとします。しかし、子どもが生まれつき持っている特性もあるのかもしれませんが、その子を取り巻く環境を改善していくことで問題行動が軽減、改善されていくことが少なくありません。環境には、保護者や先生自身の考え方や対応の仕方なども含まれます。

スクールカウンセラーは、子どもたちが安心して生活していけるように、保護者へのカウンセリングや先生へのコンサルテーションを通して、子どもたちを取り巻く環境を変えていく力が必要になってきます。その際、子どもたちや保護者、先生など自分が関わっているすべての人の想いを受け止め、理解し、受容的に関わることが大切です。

8　子どもの心の居場所になる

スクールカウンセラーは、子どもに直接カウンセリングをする場合があります。小学校では保護者の了解を得たうえで、中学校では保護者や先生が必要だと感じたときに、また本人が希望した場合には誰でもカウンセリングを受けることができます。

相談内容は、不登校、友だち関係、いじめ、学習（学業不振）、家族など多岐にわたります。自覚をしていることは少ないですが、発達障害に悩んでいる子どもたちも多く来室します。時には、リストカットや抜毛などの自傷行為や「死にたい」と訴えてくる子どももいます。必要だと判断した場合は、本人の了解を得て、先生にお願いをして家族を呼んでもらうこともあれば、病院につなげることもあります。友だち関係やいじめで悩んでいる場合は、先生に話をしてクラスの環境を整えてもらうこともあります。

最近、子どもたちと関わっていて感じることは、「安心できる心の居場所を持っていない子どもたちが増えてきている」ということです。本来なら、幼少期にしっかりと保護者と関わり、良い時も悪い時もその心を受け止めてもらえることで、自分の心の中に安心できる居場所ができあがっていきます。それがちゃんとできていると保護者と離れていても、何か困ったことやつらいことがあったときに自分の心の中の安全地帯でほっとして、また先に進んでいくことができるようになっていきます。

しかし今は、子どもが幼いころから働く親が多くなっている状況に加え、家族を丸ごと支える地域の力が弱くなっていたり、子育てのモデルが周りにないために子どもへの関わり方がわからないまま子育てをしている親が増えてきています。時代の移り変わりに親自身が翻弄されていて、経済的にも心理的にも追いつめられている場合も少なくありません。

心に不安を抱える子どもたちには、その心を優しく包みこむように接し、子どもたちにとって安心できる存在として、そこに居てあげることがとても大切になってきます。そうすることで、たとえ月に1回のカウンセリングであっても、子どもたちの心の中に安心できる場所が育っていくと私は考えています。

心が苦しいときには、人はものを考えられなくなります。カウンセラーの仕事は、心を緩めることのお手伝いです。心が緩まれば、人はおのずと良い方向に進んで行こうとするものです。

9　問題を未然に防ぐための日々の活動

不登校などの問題が起きると、その子自身も深く傷つきますし、その対応にはたくさんの時間と労力が必要になってきます。できれば、子どもたちが毎日元気に学校で過ごせるようにしたいものです。そのために、学校では問題を予防するための取り組みが日々行われています。

スクールカウンセラーにとってもそれは大切な仕事の一つです。学校から、児童・生徒、保護者、先生などを対象にした講話や講演、ワークショップの依頼が年に何度かあります。ストレスマネジメント、ソーシャルスキルトレーニング、認知教育など、その時の子どもたちの状態に合わせて、いろいろな内容を組み立てていきます。担任や養護教諭と打ち合わせをしながら、共同で進めていくことも多くあります。

また、中学生や保護者、先生を対象に「スクールカウンセラーだより」を書くこともあります。内容があまり難しくならないように、日々の生活のヒントになるような内容を心がけています。

カウンセリングの予約が入っていない時には、教室を回って子どもたちの様子をみます。勉強に躓いている子はいないか、一人ぼっちの子どもはいないか、発達障害で困っている子どもはいないかなど、授業参観をしながら探していき、心配のある子は早めに先生に連絡をして一緒に対応を考えていきます。

10　スクールカウンセラーを目指す人へ

スクールカウンセラーの仕事は、カウンセリングだけに留まらず、教師へのコンサルテーションや、生徒指導会議への参加、心理学に関する講話、事件・事故があったときの緊急対応など、その内容は多岐にわたります（詳細は、各都道府県のスクールカウンセラー募集要項をご確認ください）。

中学校を卒業後、時を待たずして子どもたちは大人になっていきます。目の前の子どもの現われに捉われることなく、その子の将来にとって今をどう過ごすことがよいのか、その子の一生を視野に入れて対応していくことが大切です。そうあるためには、カウンセラー自身が広い視野を持ち、社会の中でいろいろな人と関わり、いろいろな経験をしていくことが大切です。そしてその経験の中で、自分が人や物事をどう感じ、どう捉えるのかを観察し、自分の考え方の癖に気づいてほしいと思います。

スクールカウンセラーは、保護者や先生の仲間に入れてもらえなければ、仕事をすることができません。自分を環境に溶け込ませることができて初めて力を発揮することができるのです。

私は、38歳で交流分析士の資格を取ったのち、10年計画で日本カウンセリング学会の認定カウンセラー、発達障害に特化した特別支援教育士、家族問題を扱う家族相談士の資格を取っていきました。そして気づけば、いつの間にか社会でも学校の中でも、中堅と呼ばれる年代になっていました。

今後は、今までやってきた地域活動やスクールカウンセリングの経験を活かして、子どもたちや若い世代の人たちが活躍できる社会を築いていけるよう活動していきたいと考えています。

<履歴>

1963年　8月　北海道室蘭市に生まれる
1982年　4月　東海大学海洋学部に入学
1986年　4月　おたる水族館に就職
1987年　4月　結婚のため仕事を退職、静岡市に住む
1996年　8月　タウン誌の記者になる（～２００３年３月まで）
1998年１２月　子どもの居場所「かっぱらぱ編集室」を始める
2002年　4月　一日児童館「かっぱら広場」を始める
2003年　4月　教育相談員として中学校で働き始める
2004年　4月　スクールカウンセラーとしては小中学校で働き始める
2005年　5月　「NPO法人　かっぱらぱ編集室」を設立
2015年　5月　心の環境をデザインする「Ｋ－ｈａｐｐｉｎｅｓｓ」を起業

<資格取得>

2002年　8月　交流分析士インストラクター
（NPO法人日本交流分析協会認定）
2011年　4月　日本カウンセリング学会認定カウンセラー
2012年　2月　ガイダンスカウンセラー
（スクールカウンセリング推進協議会認定）
2012年　4月　家族相談士（家族心理士・家族相談士資格認定協会認定）
2013年　4月　特別支援教育士（特別支援教育士資格認定協会）

<書籍>

2011年　3月「かっぱらぱ編集室はいつもにぎやか
～子どもの居場所の作り方～」
（平成22年度　育ててよし！ふじのくに民間チャレンジ応援事業にて制作）

■オフィシャルサイト：NPO法人 かっぱらぱ編集室
http://www5a.biglobe.ne.jp/~kappara/
■ブログ：「K-happiness」　http://blog.goo.ne.jp/kphappiness
■メール：kp.happiness@gmail.com

あなたが一番になれるカウンセリング分野は？

小野栄子（仕事力・自己実現カウンセラー）

1　プロフィール

香川県坂出市出身。東京都杉並区在住。既婚。フラメンコ歴18年。法人営業歴18年。28歳という遅い年齢でフラメンコを本格的に学ぶことを決意。3年のスペイン留学を経て、宇崎竜童、阿木燿子さんのＦＬＡＭＥＮＣＯ曾根崎心中という作品の全国ツアーダンサーのオーディション合格を機に上京。鍵田真由美、佐藤浩希氏率いるフラメンコ舞踊団、アルテ・イ・ソレラでの団員活動の中で、身体・心・精神が結びついていることの大切さに気づき、各分野のプロとして学び始める。

２０１０年より、足の指に人生の変容のテーマが表れているトウリーディングを日本人第一号グループのティーチャーとして活動。その活動を軸に、人生の真の成功をサポート。身体・

心・魂の開放と自己実現の水先案内、パーフェクトルーム主催。

2　仕事力・自己実現カウンセラーとなった経緯

もともとカウンセリング会社のスカウトでカウンセラーとして活動を開始したのですが、一口にカウンセリングといってもいろいろな分野のカウンセリングがあります。私が人に対して何をカウンセリングできるか――。自分が想い通りに人生を生きるためには何をしたらいいのか。なぜできないのか。自分自身と向き合い、そのためにはどうすれば想い通りに、やりたい仕事も達成できるかについて考え、身につけてきたので、それをそのまま専門分野に活かす形で仕事力・自己実現カウンセラーとして活動するようになりました。

人生を遡ると4人兄弟の次女で、父が病気がちだったため、小学校にあがる頃からは、ほぼ母親が家計を支える家庭で育ちました。家族関係は幸せと言えるものではありませんでした。「私ひとりで成長しなくちゃならないの?」と感じていたのです。ですが、いつも教師や師に恵まれて才能を伸ばし、開花させていただきました。

環境や状況のせいにせず、やりたいと思ったことは行動するようにしてきました。人生で幸せになるのも、なりたい自分になるのも、心の声のまま行動するのも、外観でなく内なる自信と自分軸を持つのも、結局は本人が決めない限り実現しません。とはいえ、どんな人でも選んだ道に光明がささないと感じる時期があります。その時に、信頼できる存在から可能性を見出してもらえたり、自信に繋がる言葉をもらえたり、迷いを吹っ切るようなサポートをしてもらえたならどんなに心強いでしょうか。

3　プロとしての活動内容

個人セッション、リーダーサポート、看取り士がカウンセラーとしての活動軸です。セッションの手段としては、ホームページからは対面、メール、スカイプ、電話で対応しています。突発的に誰でもいいから相談がしたいと思う方や、事前に深く状況を話したり、予約した時間に縛られたりするのがいや、また、名前も含め個人情報の公開には抵抗がある、という方のためには、全国どこからでも電話代無料、匿名でOK、10分前まで予約OKという、カウンセリング会社のシステムも利用して対応しています。

インターネットでの講座提供や資格講座も主催しています。「引き寄せVorex アカデミア」という講座は、通信による映像教材と週一のチャットサポートで人生の変容と変化の時期にある方をサポートしています。また、日本人第一号のティーチャーとして伝えている足指から人生のテーマを読み解く「トウリーディング」では、基礎レベルは通信講座で、プロとなるコースは対面で対応しています。

さらに、MIT工科大学上級講師のオットーシャーマー氏が提唱したU理論をベースとした関係性の問題に特化した資格講座は、過去の延長線では解決できない問題に効果を発揮しており、プロの方も驚きの手法で好評をいただいています。

このように様々な活動をしていますが、大切なことはやっている本人の中で軸がぶれていないことです。多くの引き出しを提供していても、そこに一貫性があれば大丈夫です。一貫性とは、決して第三者の目からみた一貫性ではなく、カウンセラー本人が感じていることです。また、一つの専門分野に絞り切ることも、マーケティング手法として大切で、オンリーワンの分野で活躍することが可能になります。自分の中でどのような理念をもって、個人や社会に貢献していくかを決めておくと活動の方向性が決まります。ただ、活動の内容や方向性も最初から決めてやるのではなく、動きやすい方向に動いていたら結果としてそのようになっていた、というのが楽にポジションを確立しているプロに共通していることかもしれません。

4　カウンセリングの現場で思うこと。～キャリア・カウンセラーの実際～

私は組織に所属して営業として仕事をするという経験をトータルで18年ほどしています。なので、定期的にメンタルチェックや研修などを受講する立場でもあり、今では研修する立場の方や、企業で働いている方、経営者が誰にも言えない仕事やプライベートでの悩みを伺う立場でもあります。そこには、付け焼刃では対応できない現実があります。企業内で鬱やパワハラやメンタルストレスが表面化している状況は、すでにかなり進行しているのではないでしょうか？

パワハラ・セクハラ・モラハラ等の悩みも、日本では相談をすること自体、告げ口をするような罪悪感を持ってしまうような文化もあります。専門家と称するカウンセラーは企業に雇われて企業のノルマをこなしているので、そのような立場の人を信頼、信用して、企業内でセッションを受け、心の奥を見せるというのは難しいのではないかと思います。実際は、仕事の不平、愚痴、不満等、表面的な悩みを相談するのがやっとではないでしょうか？

個人でセッションを受けにこられるクライアントに関してもカウンセリングだけでは、葛藤することも多くあると思います。ニュートラルな状態をゼロとしたときに、カウンセリングはマイナスからゼロに向かうためのサポート、コーチングではニュートラルから目標達成に向けたプラスの状態に持っていくためのサポートができます。でも実際のセッションの中では、カウンセリングをメインでこられた場合でも、人生の目標をクリアにし、よりよい状態を感じるためのアイディアを行動したほうがよい場合もありますし、コーチングメインでこられても、ポジティブなゴールを描いているのに前進できない理由をみていくうちに、ネガティブポイントに向き合うことが大切な場合もあります。どちらも、蓋を開けてみるまでわかりません。一つのセッションの中でも両方が混在している事も多々あります。

カウンセリングもコーチングも、土台となるのは傾聴やラポールですが、そのあとの在り方や対応の仕方は違ってきます。また、個人に対してカウンセリングができるだけでなく、企業や組織の中で対応していくことが想定される場合には、学ぶことばかりが先だってしまい、プロとして活動する人がなかなか育たないという側面もあります。

5　カウンセラー自身のテーマをクリアし続けることの大切さ

プロとして活動していくときに大切なことがあります。それは、カウンセラーは常々自分のテーマを乗り越えていくことです。カウンセラー本人がクリアしていないテーマは、クライアントが教えてくれます。本来はクライアントのために１００％のエネルギーを注ぐべきですが、カウンセラー自身の人生で起こったテーマをそのままにしていたり、蓋をしていることで、クライアントが様々な形を通して教えてくれることがあります。

治癒したつもりでいても、何かの出来事をきっかけに再浮上してくるようなもの、さらに奥深いところで蓋をしてしまったテーマが再浮上し、それがクライアントとの関係や身近な関係を通して起こるのです。クライアントがテーマから抜け出せないのは典型的な例の一つです。

スキルやプロとしての在り方も、プロとなる過程で自然と身についていくものですが、実際の場面では想定もしなかったようなセッションも起こります。そのクライアントの持つ、ネガティブパーツに引きずられないよう、常に自分自身と向き合いたいものです。

6　あなたが一番になれるカウンセリングの分野

現在は、カウンセリングといっても多種多様な専門分野があります。そんな中であなたが一番になれるカウンセリング分野があります。逆に言うと、その得意分野がなければカウンセラーとして活動していく幅が狭くなります。その分野とは何だと思いますか?

それは、あなたが人生の中で一番エネルギーを注いだことに尽きます。

離婚したこと、鬱になったこと、愛する人を亡くした悲しみ、PTSD、モラハラ・パワハラ、親子の関係、転職に関すること、育児に関すること、夫婦関係、お金のこと、自己実現、仕事のこと、ペットロス、キャリア、発達障害、職場の人間関係、コミュニケーション力、等々……。本当の自分に戻る過程で特にエネルギーを注いだのは何だったでしょうか?

スキルや概念がわかればプロとしていろいろなケースに対応できます。カウンセラーのベースは傾聴とラポールです。課題を話すのも、確信の問題に気づくのも、どうしていきたいかも、基本的にはクライアントから答が出るのを「見守る」ことなのですから。あなたが情熱を持って情報を発信できることは、あなたの体験なのです。

7　カウンセリング業界もダイバーシティ　～あなたが必要とされています～

カウンセリングと聞くと、専門的な知識がなければできないのではないか？　また、資格取得はしたものの、特に厳しい要件を満たしたわけではないので、プロとしてやることに自信が持てず、まだまだ学ばなくてはいけないと思っている方も多いと思います。

大学で心理学専攻、実地、語学などの要件を満たし、国家資格、国際資格を取得して、病理的なケースに専門家として対応できても、人生で起こる様々な問題に対しては一人の人間として蓋をしたままにしているため、他人事のようにクライアントに対応しているケースもあると思います。

カウンセリングを必要とする状況があっても、専門的な治療スキルが基本になければ対応できないケースは別として、ただ、話を聴いてほしい。共感してほしいというクライアントも多いものです。そんな時に普通に生きてきたあなた自身が壁にぶつかり、乗り越えたテーマであれば、同じ過程をたどっているクライアントの状況が手に取るようにわかり、優しく見守ってあげられると思いませんか？

◎経理一筋できた男性が、周りとコミュニケーションが取れない自分に悩み、カウンセラーになる勉強を始めた。
◎広告業を営んできたが、倒産等を経験し、本当にやりたいことは何かを考えた末、気軽に立ち寄り、カウンセリングを受けられる喫茶店を営みたいと思った。
◎子育てを終える中で改めて人生を見直したときに、自信のない一人の女性、母である自分に気づき、心理カウンセラーとしての資格を志してみようと思った。
◎組織の中でメンタルケアの担当になったため、公的な資格取得を開始。専門家としての知識はあるが、深いところで自分と繋がれていないことに気がついた。

私自身、専門的な心理学の勉強からプロのカウンセラーになったわけではないので、後付けで公的なカウンセリングの資格を取得しようとして、カウンセラーの卵と出会う機会がありました。この本を読んでいる方の中にもきっと右記と似たような理由で資格取得の勉強をされている方も多いのではないかと思います。

そのような方々も自信を持ってください。一般の人、普通の人、いわゆる専門家でない人が、ご自身の経験をベースにカウンセリングの基本を学ばれたなら、カウンセリングは年代、性別、経歴を問わず、多くの方に利用されるようになると思います。

「この人なら自分をわかってくれる」と思ってもらうことは大切です。

昨今「ダイバーシティ」。つまり多種多様性を受け入れることが社会全体の傾向となっていますが、カウンセラーの世界にも同じ流れがあると思います。

8　カウンセラーになることで、あなたが体験するギフト

あなたがカウンセラーになることで体験できる可能性のギフトがあります。それは「カウンセリング・ゾーン」と呼ばれる体験です。これは私が体験していく中で名付けた名称です。一流のパフォーマーだけが体験できるといわれる、スポーツなどよく聞く、「ゾーン体験」と同じです。

相手のテーマに本気で寄り添い、共感、共鳴していくことで繋がれる不思議な感覚です。まるで自分と相手が一つになっているような感覚で解決策が出てくるのです。自分のスキルや経験や体験を脇に置いて、ただ一人のカウンセラーとしてクライアントに全力で寄り添うことで起こってくるのです。

カウンセラーとなられる方には、人の人生をサポートをするという仕事がご自身にも多くのギフトをもたらし、受け取る喜びがあるということをぜひ知っていただきたいと思います。

9　今後の夢

人生はあっという間です。それならこの人生ではとことん体験したいことをしつくしても

らいたい。想い通りに生きてほしい。人生の可能性に100%YESと言える人を増やすために、私ができることがあることにとてもワクワクしています。

人生に変化・変容を起こしていく時期に、パワフルかつシンプルにサポートできるカウンセリング、コーチング、ヒーリングすべてが一度にできるセッションがあります。

それは「トウリーディング」というもので、足指（トウ）に人生で向き合う主要なテーマがすべて表れているのです。向き合うべき課題が残っているのか、観察しながら読み解いていけるのです。

読み解く側が観察する力に優れ、比喩、たとえとして現れている症状に対して最善の質問をすることで、一度のセッションでカウンセリング・プロセスに必要な、①ラポールを築き、リレーションをとる。②クライアントの真の問題をつかむ。③処置と問題解決に向けた意思決定をしてもらうことができるのですから、すごいと思います。一番大切なことは、そのセッションをするときの「在

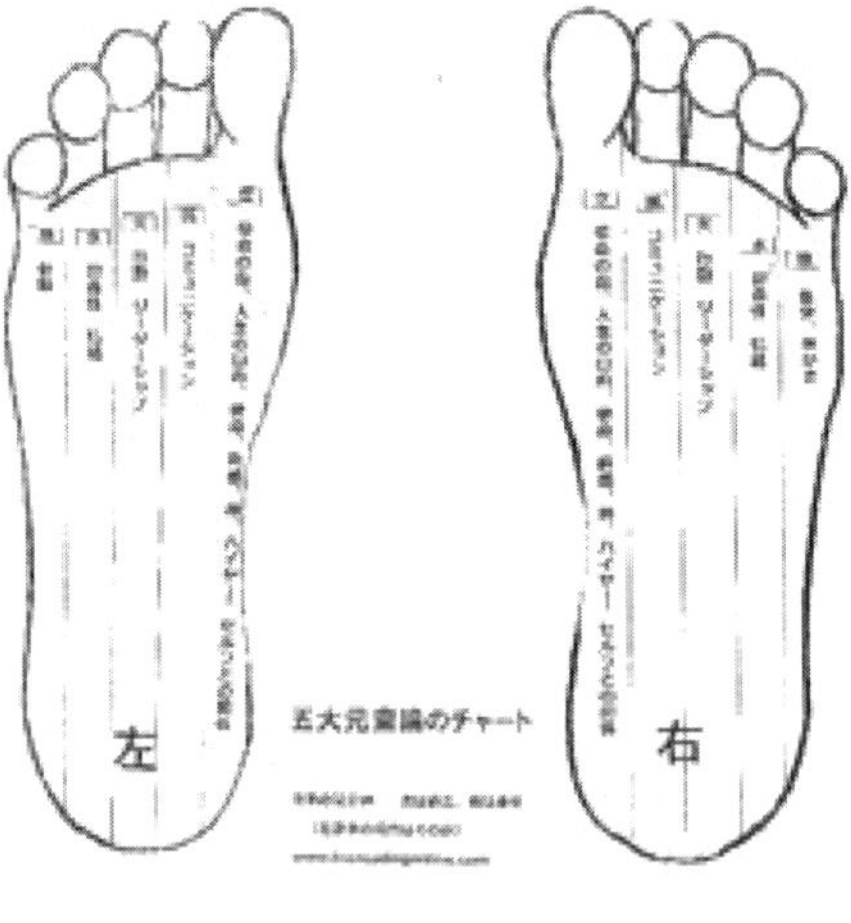

り方」です。読み解くスキルにどれだけ長けていても、この在り方がなければ問題の核心をつけるだけにとても苦しいセッションになります。

人の人生に関わる専門家に対して「トウリーディング」を伝え、広めていくことは私の使命だと感じています。使命といっても力んでやるのではなく、「えっ？　足指でそんなことがわかるのですか？」と好奇心をもって聞いてくれる方に伝えていくイメージです。

トウリーディングでわかることは以下の通り。
①運命のテーマを歩んでいるか。②コミュニケーション。③リーダーシップのテーマ。④関係性のテーマ。⑤自己信頼、才能、繁栄のテーマです。利き足とそうでない足で、同じテーマでも、個人として、社会や家族など、外側と向かいあうテーマが分かれています。思い通りに人生を歩めていない真のテーマが何なのか、過去の体験の何がそうさせているのか。その体験によって得られた信念・観念を観察することが可能です。
そして、本当に進むべき方向を選択すること

とができるのです。

経営者が会社の利益を願うのは当然ですが、実は小さい頃の家庭環境のトラウマがあり、「お前は成功をするに値しない」などの信念・観念を深いところで持っていたり、結婚したくて頑張っている女性が、「結婚は修羅場」等の信念に引きずられていることに気づくことができ、今も本当にそうなのかを選択するきっかけとなります。本当に深いところで「気づき」が起これば、想ったとおりの人生に必ず変わっていきます。

逆に頭ではわかっていても、深いところでは相反する信念・観念に囚われている場合、現実が変わらないという結果で私達に答えてくれるのです。

あなたが心からやりたいことは何ですか？　心の声を行動することから本当の人生が始まります。そんな問いかけを、自分に対しても関わる人に対しても投げ続け、行動していきたいと思います。

〈主な資格等〉

・全米 NLP 協会認定 NLP コーチ、マスタープラクティショナー

・米国教育省認定校「SWIHA」承認トウリーディングティーチャー

・米国トレガーアプローチ協会認定、トレガーアプローチプラクティショナー

・EFT ジャパン認定スペシャリスト

・レイキティーチャー

・フラメンコアル ティスタ

・U 理論関係コンディショニングトレーナー・日本看取り士会認定「看取り士」

■パーフェクトルームＨＰ：https://www.all-perfectroom.com/

※パーフェクトルーム小野栄子で検索するとでてきます

■小野栄子の引き寄せ Vortex レター登録サイト

HP のトップ画面に登録リンクあり

■女性専用カウンセリングサイト「ボイスマルシェ」に仕事力・自己実現専門で登録

自分らしく生きるために

山﨑あおい（LGBTカウンセラー）

1　プロフィール

私は、男の子として生まれてきましたが、現在「女性」として人生を歩んでいます。やっと世間に知られた「性同一性障害」を持っています。

大阪生まれ大阪育ち、5人家族で3人兄弟の末っ子。幼少時から性的違和感を持つ。男性の体で生まれ、女の子の気持ちがおかしいと頑張って治そうとするが、苦しみはそのまま。31歳で男性として結婚。しかし、3か月で離婚。それと同時に男性としての仕事の挫折。男性の人生の破綻で2年間うつ病に。

32歳で理解ある女性のカウンセリングを受け、女性としての自分らしい人生を歩めるようになる。38歳から女性として就職活動をするが、社会の偏見・差別・無理解に苦しむ。39歳に戸籍上の名前を男性名から女性名に改名。入退社を繰り返し、44歳で放課後等デイサービスの総務経理として勤務する傍ら、45歳でフリーランスとして個人団体を設立。46歳で「一級心理カウンセラー」資格を取得。性同一性障害を中心に、LGBT性的少数者の見えない心のカウンセリングを行っている。セミナー・講演会は年3回、交流会は毎月、2017年には、小中学校・大学からの依頼で教職員向けの人権研修を開催。

インターネット上では、ブログ・フェイスブック、ツイッター、インスタグラム、ユーチューブ等で性的少数者の問題を発信。ライブ配信では、学生を中心とした社会的少数者の支持を得ている。

2　私が「LGBT（性的少数者）問題のカウンセラー」になったきっかけ

私が幼少〜2004年位までは、性的な違和感を持つことがタブー視され、変態というイメージでした。2004年7月、性同一性障害者の性別の取扱いの特例に関する法律が施行。4年後一部改訂されました。その後、性的違和感を持つ人が存在していることが知られ、2015年4月、渋谷区男女平等及び多様性を尊重する社会を推進する条例に基づき、パートナーシップ証明書を発行される事が話題になり、やっと身近に性的違和感を持っている人が知られました。

私は、四半世紀以上誰にも言えない苦しみや痛みを抱え、自分の生まれた体を信じ、頑張って女性っぽい気持ちを治そうとしてきました。その努力の結果、性的少数者のカウンセラーになったきっかけとエピソードを紹介させていただきます。

幼稚園に入園時、制服のデザインやトイレ・行事など、あらゆる場所に於いて男女が区別されていることに違和感があると気づいた頃でした。小学生から男性の体が嫌悪感に変わり、思想行動が女の子と同じでイジメに遭い、自分の思想行動がおかしいのでは？　と思い、両親にも言えず、迷惑をかけてはいけないと我慢した学生生活でした。男性が多い工業高校に行けば、自分の女性としての気持ちが男性の気持ちになるのではないかと思い、高校生活を歩みましたが、心は女性のままでした。

高校卒業後、建設関係の会社に就職し、男性の職に従事すれば女性としての気持ちがなくなり、男性の気持ちになるのではないかと考えましたが、仕事のやりがいを強く感じ、それは押さえつけるだけで女性としての気持ちはなくなりませんでした。入社後15年目に、女性と結婚すれば男性としての気持ちや役割を自覚するのでは、と思い結婚。

しかし、3か月で離婚。それと同時に仕事の壁にぶつかり自分自身が嫌になり、幾度も自殺願望が強まり、自殺を試みましたが結局できませんでした。15年働いた会社を退職。うつ病になり2年間引きこもりの生活が続きました。

その時、関東在住の女性と知りあったおかげで、私自身を気づかせていただきました。

２００６年頃に女性としての人生を開始。就職活動では、戸籍上の名前が男性名であるため、面接時に門前払いや趣味の延長で就活していると勘違いされ、面接もしてもらえず、帰り道に幾度も悔し涙を流しました。

社会は肩書で判断されるのだと痛感しました。そして改名前に両親にカミングアウトし、承諾してもらい、２００９年11月に家庭裁判所で「あおい」の名前に改名しました。

今まで門前払いだった面接のオファーがたくさんあり、改名前にはなかった面接の対応でした。名前はその人の鏡と言いますが、就職活動での面接でひしひしと感じ、社会は名前で判断されるということが証明されました。

しかし、戸籍上の性別が男性であるがゆえ、企業にとっては前例がない雇用なので、どのように接したら良いのかわからないことがあり、採用に至らない状態が続きました。それでも数社から、性同一性障害を理解し女性として採用されました。採用後、解雇されたり、廃業になったり、犯罪を犯している業務だったりで、継続して就労することができませんでした。

男性として女性として、日常生活・学校生活・就職活動の経験を踏まえ社会の壁や荒波にもまれ、辛さ・痛み・苦しみ・怒り・喜びを感じ、人として人間として成長させていただきました。その人生経験を活かし、２０１５年、「ライフホスピタリティマネジメントサービス」

を設立。ＬＧＢＴ性同一性障害を中心に啓発活動を、インターネット上と交流会、セミナー、講演会を行い、それと同時に相談会を通じ、カウンセラーとしても発信しています。

3　身近に相談できるカウンセラーの存在を知っていただくために

私が、男性としてすべて自信をなくした時、心療内科を受診しました。悩みや辛さを相談しても返事が返ってこず、モヤモヤ感が残り、投薬療法では悩みや辛さをごまかすだけで治る兆しがありませんでした。後に私は関東の女性と知り合い、カウンセリングをしていただいた結果、無事にうつ病からの克服ができました。私は身をもって、カウンセリングの必要性を実感しています。

ネットでは、なかなか思いを伝えられない時があり、性的違和感で悩み辛い思いを、身近にカウンセリングできる場所があればここまで辛い思いをしなかったのに……と実感しています。現状として、カウンセラー自身ＬＧＢＴや性的違和感を持っている方のカウンセリングができる人がなかなかいません。相談しても、具体的な内容ではないことがありました。

私には、ＬＧＢＴの当事者だからこそわかる悩み・苦しみ・辛さがあり、私のリアル経験を活かし、当事者の見えない心の叫びを察することができます。そのようなカウンセリングの場所を作らないと、私のように心の中でグッと堪えてもがき苦しんでいる人が潜在的に存在するはずです。現在　ＬＧＢＴや性同一性障害を中心に、身近に気軽に性的少数者のカウンセリングを受けられる活動を行っています。

性同一性障害の当事者が身近に相談できるカウンセリング活動を知っていただくために、私の地元である大阪市住吉区で、ボランティア活動の一環として相談を行っています。しかし、足を運ぶのは当事者にとって相当な勇気とパワーが必要なため、なかなか足を運んでいただけません。気軽にカウンセリング相談ができるようにインターネット上で、性的少数者向けにライブ配信を行い認知活動をしています。

4　ダブルマイノリティの持ち主のカウンセリング

性的少数者とはいえ、単体の悩みだけではありません。性的違和感と障害を持っている方もいれば、性的違和感があり疾患を持っている方もいます。そして性的違和感があり障害を持ち疾患を持っている方もたくさんいらっしゃいます。性的違和感のみだとカウンセリングが捗りますが、それぞれの障害や疾患も関係性があるため苦労があります。

ただ性的少数者のカウンセリングをすれば良いのではなく、それぞれの障害や疾患を知らなければカウンセリングは成り立ちません。カウンセラーに求められる資質は、多種多様な知識や教養を身につけることです。

5 性的違和感の学生問題

インターネット上で性的少数者向けにライブ配信を行った時、当時高校3年生の学生から相談を受けました。

自殺未遂までしていた方で、その原因をヒヤリングしてみると、女子の制服（スカート）を履くのが凄く嫌で、相当な精神的苦痛を持っていました。その学生は生まれ持った性別は女性ですが、心の性別は男性の疑いがありました。学校に行きたい（音楽の勉強をしたい）が行くには制服を着ないとダメだから行けない……。先生から学校へ来なさいと言われるが、女子の制服（スカート）を履かないと学校へ通学できないという葛藤がありました。その生徒にいくつかの提案をさせていただきました。

「学校や先生へ制服以外で通学ができないか相談してみる」「制服着用しなくても通学できる学校や、制服のない学校へ転校や編入をしてみる」などを提案しました。さっそく学校や先生に相談したところ、制服以外の通学は認められないとの回答が……。音楽の勉強をしたくてこの高校を選んだのに……。落ち込んでいたので、その学校がすべてではないのだから、理解のある学校へ転校、制服着用しなくても通学できる学校や、制服のない学校へ転校や編入という方法もまだ残っているよ、と伝えました。ただし、未成年だから親に相談してみたら？でも、無理に言わなくても良いのだからね、と声をかけました。

親に性的違和感があることを伝えていなかったため、「学校を変える」という相談は、当事者にとって寿命が10年縮まるくらいの相当な勇気と覚悟が必要で、すべてを親に報告したそうです。親は性的違和感があることを何となしに感じていたそうで、転校を承諾してくれました。制服のない通信制の高校へ編入。通信制の高校に通ってからは精神的に劇的に回復、前向きになり、無事に卒業できました。音楽の勉強をしたかったこともあり、卒業後は、音楽の専門学校に進学しました。そこでは自分らしい男子の服装と通称名である男子の名前で通学しています。

明るく前向きに人生を楽しんでいると知り、「カウンセラーをしていて良かった」と、心の底から何とも言えない嬉しさが湧いてきました。１人の人を救い、そして自分らしい人生を歩めるきっかけを導けた感動でいっぱいでした。生徒はその後、ジェンダークリニックに通院し、２０１７年20歳になり、男性ホルモンの投与を開始。生理が止まり、声が低くなった喜びや改名の手続きを行っていると報告してくれました。

学生問題の事例を挙げさせていただきましたが、性的違和感のある保護者からの相談、教職員からの相談、企業からの相談などあらゆる業種業界から相談を受け、カウンセリングを行っています。

6　身近に相談できるカウンセラーとして、多種多様性のカウンセリング能力が必要

ＬＧＢＴを含めた性的少数者は、今までカウンセリングを行ってきた9割以上が、何らかの重複したもの（4の項目を参照）をお持ちの方です。特にトランスジェンダーである性同一性障害は、社会的に受入れられず、排除や否定される場面も多く、自分は何のためにこの世に生まれて来たのだろうか……。私は誰にも必要とされないと自分を追い込み、自ら否定し、精神疾患を発症するケースが非常に多く見受けられます。

精神的に重篤すると、障害を発症し、多重なマイノリティ当事者になっていく現状で、自殺未遂という最悪な事態を招くことも……。その現状で介護を受けた時、性的違和感・疾患や障害に対する知識がないと、辛い思いをする当事者が潜在的に非常に多いということをカウンセラーになってから思い知らされています。

当事者の見えない心の叫びを少しでも和らげ、カウンセリングを受けて良かったとクライアントさんが感じてもらうには、あらゆる疾患やあらゆる障害の基礎知識が必要になります。カウンセラーは、管轄外だから知らないといった無責任な対応は避けたいものです。クライアントさんが来られた以上、少しでも気持ちを和らげるのが、プロのカウンセラーとしての責任です。

私もかつてそうでしたが、精神的に不安定になったら心療内科にかかるのが普通だと思っ

ていました。しかし、実際通院すると精神的に不安定な状態を伝えても何も助言されず、投薬療法になります。カウンセリングを受けることでメンタルが快方に向かうクライアントさんもいらっしゃいます。カウンセリングを受けることで効果がないと、強い薬に移り薬の副作用に悩まされる方もいらっしゃいます（私自身もそうです）。薬がまったく効かず、カウンセリングを受けに来られる方が非常に多いのです。メンタルが不安定になったら、まずはカウンセリングを受け、それでも和らぐことがないなら心療内科という順番を伝えたいのです。

世間では、カウンセリングは敷居が高いと思い込んでいる方が多いです。カウンセラーが身近にいて、気軽に利用できる雰囲気作りをしてもらいたいです。喫茶店でコーヒーを飲んでリラックスできる空間や、家や職場の近くにカウンセリングできる場所があれば、家庭や職場の不安や悩みをティータイム感覚のように相談できます。気軽に立寄れて早期にカウンセリングを受けることで、問題が早期に緩和できる、そんな場所でありたいのです。

7　区別をなくし、住み良い社会にするための懸け橋

社会はすべてにおいて区別をしています。区別することによって区別に当てはまらない方が少数います。社会はその人々を受入れず、少数者は排除されることで生きづらさを感じます。無理やり区別されても生きた気も幸せも感じられず、区別される自分が嫌になります。

ＬＧＢＴや性同一性障害を含めた性的少数者も、同じで男女の区別に当てはまらず、強引に男性、もしくは女性の区別の枠に入ったとしても、自分らしい生活ができず、もがき苦しんでいる方が大勢います。性同一性障害当事者は本来の性別で生活すると、まわりから好奇な目にさらされ、こそこそヒソヒソと噂を立てられ、バカにされ、からかわられ、心が傷つき凹む方が少なくありません。

私は、常に、「区別は差別の始まり」と感じています。区別をすると差が生じ、格差が生まれます。格差が生まれると比較する事で意見がわかれ、意見がわかれる事で否定・肯定の意見が出て差別が起こります。区別がなければ差別も起こらないのです。

人は皆同じで人間です。しかし、同じ人間でも一人ひとり、目や鼻や口、身長などは個々でバラ

バラ。思想行動も個々バラバラ。人は皆同じだけど、一人ひとりはバラバラ。考え方がまったく同じ、思想がまったく同じ人はいないのです。合わない前提で人と接し、双方の思想を尊重し認め合う事ができたら、区別がなくなることで差別もなくなるでしょう。

カウンセラー自身が区別をなくし、住みよい社会作りの懸け橋としての重要な役目を持っています。この世に生まれてきたすべての人々が生きていて良かったと、思えるように……。

（注）2018年より、「性同一障害」は「性別異和」と名称が変わりました。しかし、筆者の執筆当時は「性同一障害」の名称であったため、その名称をそのまま使わせていただきました。

〈略　歴〉
1970年　6月　大阪生まれ
1989年　3月　大阪府立東住吉工業高等学校設備工業科　卒業
1989年　4月　近畿電気工事株式会社（現　株式会社　きんでん）入社
空気調和・衛生管工事業務に従事。15年後退職
2008年10月　性同一性障害の診断を受け日常生活を女性として過ごす
2009年　9月　大阪家庭裁判所にて改名申立てを行い“あおい”に
戸籍上の名を改名
2014年11月　女性として就労に就く
2015年　3月　Life hospitality management service　設立
〈資格取得〉
1993年11月　消防設備士甲種第1類免状　取得
2001年　3月　1級管工事施工管理技士証書　取得
2003年12月　空気調和・衛生工学会設備士（空調部門）証書　取得
2011年　2月　秘書技能検定2級合格証　取得
2016年　9月　日本プロカウンセリング協会認定「1級心理カウンセラー」取得
〈講演・人権研修実績〉
2016年　7月　10月　講演会　開催
2016年　3月　NPO法人 Whitenet　にて講演
2017年　2月　6月・10月　講演会　開催
2017年　8月　学校法人　天理大学　にて教職員向け人権研修　開催
2017年　8月　大阪市立港南中学校　にて教職員・保護者向け人権研修
2017年　9月　大東市立三箇小学校　にて教職員向け人権研修　開催
2018年　1月　このはなラウンドテーブルにて人権講話　開催
2018年　2月　講演会　開催
2018年　3月　大阪市住吉区地域活動団体向け　人権研修　開催
2018年　3月　大阪市立我孫子南中学校　にて教職員向け人権研修　開催
2018年　4月　奈良職員向け人権研修　開催
■オフィシャルサイト：http://lhms.jp/
■ブログ：https://ameblo.jp/lhmservise/
■ Facebook：https://www.facebook.com/lhmservice/
TEL：080-8322-5530 Fax：06-7635-8664
メール：info.lhmservice@gmail.com

「いま」を生きるために

長谷部義法（心理カウンセラー）

1　プロフィール

大学を中途退学後、ニュージーランドに語学留学し、その後オーストラリアのホテル専門学校を卒業。卒業後はイギリスに渡りイギリスのホテルにてホテルマンとして働き、約10年海外で過ごす。

帰国後は祖父の代から続く保育園を父と共に経営に携わり、カウンセラー養成講座にて一級心理カウンセラー並びに箱庭療法士の資格を取得した。

現在は、カウンセラー資格を活かし子育ての不安や家族に対する悩み、並びに保育士などの相談業をしている。

2 「なぜ」が知りたくて

私が「心理学」というものに興味を持ったのは何十年も前の私が中学二年生の時でした。私の当時の親友が突然この世からいなくなってしまったことがきっかけで、その時初めて「心理学」というものを知りました。その前日も一緒に過ごしたのに「なぜ気づいてあげらなかったのだろう」「なぜ何も相談してくれなかったのだろう」「何かできたのではないか」と「なぜ」が知りたくて様々な本を読むようになりました。そのような本をまったく否定するつもりはありませんし、私が選んでいた本がいけなかったのかもしれませんが、いくら本を読んでみてもその答えを見つけることができませんでした。

私は、もともとカウンセラーになろうと考えていたわけではありませんでした。ただ、以前から保護者の方々から子どもの事、家庭の事、はたまた旦那様の事など様々な相談を受ける事が多々あり、ただただ話を聞く事しかできないでいました。いつも話を聞き終わるたびに話を聞く事ができて良かったという満足感と、もっと良いアドバイスができたのではないかという無力感と複雑な気持ちになっていたこともあり、学びを決心しました。

今思うとカウンセラー養成講座を受講したというのも、自分の心のどこかに「なぜ」があったからなのかもしれませんし、もしかしたら導かれたのかもしれません。しかしながら、その答えはいまだに見つけることはできていません。この先も答えは見つけられないかもしれませんが、答えがないこともまた答えであり、無理に答えを求める必要はなく、ただただ導かれるままに人々の心を健康にするお手伝いができたらと思っております。

3　不安・悩みを少しでも和らげたいという想い

少子高齢化、核家族化が年々増加し、共働き家族やシングルマザーまたはシングルファーザーなど兄弟、姉妹も少なく母親や父親は多忙と時間との戦いです。親がしっかりと子どもと向き合わず、孤独を感じている子ども達が多く見受けられます。その寂しさゆえに親の愛情を求め、困らせるような気を引く行動をとってしまうのです。

子ども達だけではなく、多くの母親や父親も孤独感や孤立感を感じているように思います。父親は日々仕事によるストレスを抱え、母親は仕事や家事の両立でストレスを抱え、子育てについても不安や悩みが尽きないという印象があります。

相談を受けていつも感じることは、子どもの気持ちは棚の上に置きっ放しということです。置きっ放しでホコリを被っているような状態の時もあります。いかに自分にとって都合よく子どもを動かせるかという相談が多いのです。

テレビでは「しつけ」と称して児童虐待で逮捕されるようなニュースを見ますが、それは自分に都合よく行動をしてくれず種々様々なストレスが溜まりに溜まった結果なのでしょう。それは両親だけではなく保育に従事する職員にも同じことがいえます。日々多数の乳幼児を抱え保育し、時には最近よく耳にするモンスターペアレント等からの理不尽な苦情などもあり、擁護するわけではありませんが肉体的・精神的な疲労は計り知れないものだと感じます。それが仕事だと言われてしまえばそれまでなのですが……。

親にしても保育従事者にしても、ストレスの吐け口の対象が子どもに向かうことがあり、死なせてしまうケースさえあります。子どもはそのような虐待に耐え、自分が悪いから叩かれるのだとさえ思ってしまっています。

近年、スクールカウンセラーとして小学校、中学校、高校などにカウンセラーが常駐しているところが増えています。それは大変素晴らしいことだと思います。資格を取得した際は私の手の届く範囲、はたまた目の届く範囲で資格を活かしていこうと考えていましたが、月日とともにその範囲が広がっています。

私は子ども達が元気で健やかに成長していけるよう、また小さな犠牲者にならないよう、子どもたちの一番大切な時期でもある根っこの所で少しでも子どもたちの不安や悩み、そして一番近くで見守っている大人の方々のストレスを和らげることができればという想いで活動しています。

4　カウンセラーとしての喜びと環境

私は特にカウンセリングルームを持っているわけではなく、自身の仕事と直結しています。週に何度か他の保育園や幼稚園へ出向くこともありますが、相談者の大半が、ほぼ自身の園の保護者となります。

園に通う我が子の事だけではなく、小学校に通うその兄姉からご家庭の事、お仕事の事、そして稀ではありますが児童虐待やＤＶ（ドメスティックバイオレンス）の悩み相談があります。

前述したように自身の仕事と直結していますので、たとえばカウンセリングを受けた保護者とは顔を合わせる機会も多く、次の日に様子を確認することも、また声掛けをすることもできます。そういった部分では良い環境なのではないかと思います。

他の人にとっては何でもないような事であっても、心が平穏でなければ大きな悩みとして内側に居座ってしまいます。それは理解不能の独裁者であり、洗脳者でもあります。大人だけではなくそれは子どもたちにも存在します。子どもたちの心に潜むものはさらに理解不能な存在であり、子どもたちは説明すらできないことが多いのです。そして、それらを作り出しているのは両親だけではなく私も含めた大人たちであることが多いのです。

カウンセリングを重ねていく中で、心の中のザワザワ感から解放され、理解不能の独裁者に支配されている心に革命を起こすきっかけを与えることができます。みんなの穏やかな表情や子どもたちの元気な声や楽しそうに遊ぶ姿、表情を見せてくれることが何よりの薬であり、私に対するカウンセリングになっていると同時に、種々様々な悩みに触れ、私自身も一緒に心の成長をさせていただいております。

5　コミュニケーションの輪

現代社会で生活をしている私たちは日々さまざまな人と関わり、大なり小なりストレスを抱えています。必ず人と関わりコミュニケーションを取らなければいけません。それは生きている限り付いて回るものです。時にはいろいろな相談をされたり、誰かに相談をすることもあるでしょう。

もしも、あなたが友人や家族、仕事仲間の方々などから相談を受けた際、どのように対応するでしょうか？　親身になってお話を聴きますか？「その話を親身になって聴く」という姿勢だけでもあなたは立派なカウンセラーです。

話をただ聴くということは簡単なようで、なかなか難しいものです。聴き方により「不快」や「快」の感情が出て、聴き方から上手なコミュニケーションが生まれます。逆に自分が誰かに相談をした際も同じで、相手の言葉や態度によっては「相談しなければよかった」などの「不快」な感情が湧き上がってくることもあるかもしれません。

誰しもがこのような経験をお持ちでしょう。「心理カウンセラー」といっても何ら変わりはありません。同じような感情を抱きます。前述しましたが、学ぶ以前から私は相談を受けてきました。ただ以前は「聞いて」いただけで「聴いて」はいませんでした。簡単に言うと「HearとListen」です。「聞こえてはいるけど、聴いてはいない」ということです。それだけカウンセラーにとって「聴く」ということは大事なことなのだと私は考えています。

他者からのアドバイスはあくまでも自分の心の中を刺激する言葉であり、答えは常に自分の中にあります。自分で見つけた答えならば、その答えを信頼して歩いていくことができます。また、自分を信じることができるからこそ他者を認め信頼できるのだと思います。

ひと口にコミュニケーションといっても言葉を交わすものもあれば、交わさないものもあります。コミュニケーションをとることにより、「楽しい」、「嬉しい」、「悲しい」など様々な感情が湧き上がり、それが時にはストレスになり、生きづらさを感じるようになることもあるでしょう。

「言霊」という言葉がありますが、たったひと言で人を勇気づけることもできますが、その反対に落ち込ませることもできます。それは心からの言葉であり、「魂」が宿っているから相手の心にも響くのです。誰しもが日々の生活の中での何気ない言葉にも責任を持ち、互いに気持ちの良いコミュニケーションをとることができたら最高ですよね。一人だけで孤独に生きるのではなく、お互いが共感できる輪の中で生きる喜びを持ち、気持ちの良いコミュニケーションの輪が日本中、世界中に広がれば笑顔あふれる素晴らしい世界になるのではないでしょうか。

6　カウンセリングのススメ！

「自分のことは自分でしなければならない！」という信念体系や、「自分のことは自分でしなさい！」というように子どもの頃から言われて育ったり、または自分の子どもに言ってしまってはいないでしょうか。自分のことが自分でできるようになることが「自立」だと思ってはいないでしょうか。確かに基本的には自分のことは自分でやらなければならないでしょう。それらの信念体系はいつのまにか、誰にも助けを求めてはいけない」という事にとすり替わってしまうことがあります。心がグラスの形をしているとしたら、いつしかグラスが水でいっぱいになり溢れてしまい、心の悲鳴を聞いて初めて気がつくのです。

うまく自分で取り除くことができれば良いのですが、できません。またはどうすれば良いのかわからない人の方が多いのではないでしょうか。

困っていることや誰かの助けが必要なとき、心のグラスが溢れてしまう前にしっかりと助けを求めることができるようになることこそが、本当の「自立」なのだと思います。

もしあなたの心が悲鳴をあげていたら、我慢をせず「助けて！」と叫んでください。一人でできることは限られています。誰にでも平等に助けを求める権限はあるのです。家族、友人、誰でもよいと思います。いろいろな人たちの助けを借り、それでも心の状態が落ち着かないのであれば、気軽にカウンセリングを受けてみてください。心の中の高い高い山が自動ドアがスッと開くように乗り越えることができるかもしれませんよ。

そして次に、もしあなたが誰かの心の悲鳴を聞いたのならば、手を差し伸べてあげてください。

7　過去と未来の架け橋

いつの頃からかは覚えていませんが、私はネイティブ・アメリカン（アメリカ先住民族）の考え方や生き方に憧れを持っていました。それは今も変わらず持っており、関連した本も読み、少しでも彼らに近づきたい、知りたいと思っています。

そのネイティブ・アメリカンの数々の思想の中に「子育て四訓」というものがあります。それは子どもの成長過程を４つにわけたものなのですが紹介いたします。

●乳児期は肌を離すな
●幼児期は肌を離して手を離すな
●児童期は手を離して目を離すな
●青年期は目を離して心を離すな

カウンセラー養成講座でエリクソンの発達心理学を学びました。上記に記した4つの言葉はまさに的を得ているなと感じました。「肌を離すな」、言葉も理解できない乳児期の赤ちゃんにとっては肌と肌のスキンシップは大切ですよね。

幼児期になると動きも出てきて手を離したらどこへ行くかわかりませんし、また危険なこともしてしまいます。手を強く握って離してはいけません。児童期になると子どもたちはさらに成長するために、様々な経験や体験をします。その時に手を強く握ってしまっていてはそれらができなくなります。私たち大人は手を離して経験をさせ、目はしっかりと子どもたちを捉えて導いてあげなければなりません。

青年期になると今まで以上に自由になります。親に言えないことなども増えてくるでしょう。あまり目を光らせていては嫌がられます。目は離しても心を離さずにいれば子どもたちの多少の変化にも気づき感じることができ、子どもたちを導くことができるのだと思います。

成長するに伴い、一日が、一年が早く感じるようになりませんか？　それは「今」というときを楽しまず、先のことばかり考えるようになるからです。未来を想像して描く事は悪い事ではないと思いますし、ポジティブな事であればそれに向かって頑張れる事もあるかもしれません。ただ描いた未来のために自分を抑え「ガマン」し、心配ばかりしてしまうとそればかりに捉われ振り回されてしまい、「今」という瞬間を感じることができません。幸せを先送りしてしまっていては気づいた時にはどこかへ行ってしまいます。

子どもたちは未来を不安に思うこともなく、過去を後悔することもなく、まさに「今」という時間と「今」という瞬間を感じながら楽しんで日々生きています。子どもの時から様々な習い事をさせ英才教育をするのもいいでしょう。しかし子どもの意思を無視して大人の都合でがんじがらめにしてはいけません。決してがんじがらめにしていることが「強い絆」だと勘違いをしてはいけません。多少緩みのある絆でなければいつしか絆は切れてしまうかもしれませんし、ずっと張り詰めたままでは両者にとっても良くありません。

私たち大人にとっても子どもたちにとっても遠い未来を考えるのではなく、たまには自分のお子さんと「今」という時に止まり、五感をフル活動して風を感じ、音を感じ、自然を感じて自分という存在を感じてみてください。

自分の存在を感じられれば自分はすべての恵みによって生かされているということに気づ

くと同時に、他者の存在や気持ち、子どもの存在や気持ちに寄り添うことができます。

私たち大人は過保護ということではなく、子どもの成長を助け見守り、次の世代へと繋げていかなければなりません。日本中だけでなく、世界中、地球中の大人みんなで守っていくべきなのではないでしょうか。

「子どもは過去と未来をつなぐ架け橋」なのだから……。

嗅覚を信じると人生が変わる!

大村はる美（香りの伝導師）

1　プロフィール

2002年にアロマテラピーの資格を取得し、自宅を含めた神奈川県内及び都内近郊にてアロマ講師活動を行っている。

「生活の木　Herbal life college」をはじめ、多くのアロマ講師活動やアロマトリートメント経験を通し、「香り」の大切さに気づく。アロマの香水作りコンテストでの受賞をきっかけに、香りに特化した活動を始める。

数年前より、十数年のアロマテラピー歴の中で培ったオリジナルの精油解釈を基に、独自のメソッドを開発。各所で「香りの伝道師」として嗅覚と潜在意識に働きかける「香りメッセージ」というカウンセリングセッションを行っている。

2　ラベンダーとの出合いからアロマテラピストの道へ

24歳で結婚し2人の娘に恵まれましたが、30代前半から体調を崩し睡眠障害を患いました。一歩も外に出られず、睡眠不足とストレスで体も心もボロボロでした。そんな時心配した友人が勧めてくれたのがラベンダーの精油でした。

その香りを嗅いだとき、何とも言えぬ優しい香りにふわっと包まれ、まるでお花畑にいるような幸せな気持ちになりました。色々な悩みが全部吹っ飛んでいくような気がしたのです！すぐ本屋さんに飛んで行き、１冊のアロマの本を買いました。そこからが私のアロマストーリーの始まりでした。

3　香りによるカウンセリング「香りメッセージ」が生まれるまで

①アロマテラピーに香りは必要ない？

ラベンダーのおかげで元気を取り戻した私は、アロマのインストラクター資格を取り、講座を開き、たくさんの人にアロマの知識を嬉々としてお伝えしていました。

ある頃から、世の中のナチュラル志向の高まりと共に、天然であるアロマの効能や成分が注目され始め、メディアでも取り上げられるようになりました。しかし、喜ばしい反面、そこに何か得体の知れぬ違和感も感じていました。

ここでいうアロマとはおもに精油（エッセンシャルオイル）のことです。

精油とは、植物から採った天然の香り成分です。植物ごとに香りが違いますが、その香りを嗅いだり、体に塗ることで日々の健康を維持する、これをアロマテラピーといいます。

ある日のこと。アロマ教室の生徒さんが、喉に良いとテレビで聞いたのでユーカリが欲しいと言われ、香りを嗅ぐことなく精油を持って行かれました。その時ユーカリの香りは嗅がなくてもよかったのでしょうか？　ずっと感じていた私の違和感は、それでした。

一概には言えませんが、アロマテラピストの中には、お客様に香りを嗅いでもらう前に、精油の成分から香りを選んで使っている方もいるのではないでしょうか？　だとしたら、そこに「香り」は要らないかもしれない？　そんな疑問がフツフツと湧いてきました。

②香りの本来の意味とは？

香りはただの飾り？　あってもなくても良いけれど、あったら嬉しい程度のもの？　いやいや、そんなはずはない！　現に私は、その香りに助けられたのですから。

では、なぜ香りがあるのでしょう？

ある時ふと友人の家で飼っている犬が、どんなに信頼している飼い主の出した食べ物でも、必ずクンクンと嗅いでから食べているのを見ました。その時、答えはここにあると感じました。

人間の五感の中で、嗅覚で得た情報だけは直接、本能や情動を司る部分に届きます。嗅覚が一番原始的で本能に近い感覚と言われる所以です。香りは本来、嗅覚を使って身の安全を図ったり、危険を察知したり、オスがメスに近づいたりする時に使われると言われています。

先ほどの飼い犬の行動は、食べても大丈夫なものか鼻で判断しているのだと思われます。私たち人間も、匂いで腐っていると判断したものは食べずに捨てますよね。また、お腹が空いている時に大好きなカレーの匂いが漂えば、ついそのお店に入ってしまいますが、逆に体調が悪い時はその匂いが気持ち悪く感じます。これは、体の本能がカレーの香辛料や刺激物を消化できる状態ではないよと教えてくれているのではないでしょうか?

つまり、体に必要な香りは「好き」と感じ、必要でない（あるいは体に危険な）香りは「嫌い」と感じるようになっているのだと思います。これは、私たちの体を健やかに保つためになくてはならない本能による防衛反応です。

その理論は、当然アロマテラピーにも当てはまると思いました。

なぜその香りを好きだと思ったか、その理由を知れば、本能の声に気が付くかもしれない！

その時、アロマテラピーの「香り」の意味が分かった気がしました。

「この香りが好き」と思う時、そこには必ず理由があるのです。

たとえば、リラックスしたい時にはラベンダーを嗅ぐという方が多いと思われます。でも私はそうではなく、ラベンダーが好きというところにフォーカスし、なぜ好きなのかその理由から心身の状態を考える、というアロマテラピーにたどり着きました。

人間も動物なので、西洋薬が出回る以前はその植物の匂いを嗅いで自分にとって安全か危険かを判断してきたはずです。せっかく精油には香りがあるのですから、自分の嗅覚を信じるアロマテラピーをお伝えしていきたいと思いました。この手法は言わば香りからのメッセージ、「香りメッセージメソッド」の誕生です。

4　香りの押し付けは、ただの自己満足

私がアロマの仕事で一番嬉しいと思う瞬間は、「ああ、いい香り〜」と言っている人の幸せそうなお顔を見た時です。眉間のシワがなくなり、至福の表情をしています。私自身がアロマの香りで心身の病を乗り越えた経験から、たくさんの人に香りで幸せになってもらいたいという思いが強くあります。

しかし、このセッションを始めた最初のころ、どの香りを嗅いでも嫌いと答える方に出会いました。私は絶対に好きな香りがあるはずと半ば意地になり、次から次へと香りを嗅いでもらいましたが、その方は首をかしげる一方です。というのも、嗅覚には限度があり、数種類も嗅げばもう鼻が効かなくなるものです。とうとう全部の香りの中に「好き」なものは見

つからず、もちろんセッションはできず、その方の眉間のシワを深くするだけに終わりました。

これでは香りの押し売りです。嗅覚は敏感な器官であり、体調や嗜好によっては凶器になりかねません。その方には大変申しわけないことをしてしまいましたが、誰もが香りで幸せになれるはずだというのは、私のおごりであり独りよがりに過ぎないこと、香りは決して押し付けてはいけないことを学びました。

またその経験から、嫌いな香りにも意味があることに気がつき、むしろ嫌いな香りと好きな香りがあることで、より深いカウンセリングができることもわかりました。しかし、嫌いな香りを好んで嗅ぐ人はいないでしょう。このセッションの目指すところは、幸せ感を得ることです。嫌いなものを無理に嗅いでいただくことは本意ではありません。偶然嫌いな香りを選んだ時のみ、その意味も含めて参考として捉えています。

5　具体的な事例（ケーススタディー）

このメソッドは直感と嗅覚で好きな香りを選びます。判断を確実にするために、1つではなく2つ3つの香りを選び、総合的に結果をお伝えします。

ケース1

都内に通うOLのSさんは、イランイラン、ペパーミントを選びました。

イランイランは、頑張りすぎているときに選ぶ香り。ペパーミントの清涼感のある香りは、心も体もサーっと解放してくれるような心地よさがあります。

総合すると、体にとても力が入っている。何か緊張することが続いている。人との関わりによるお悩みがあり、心配事からはなかなか抜け出せない。心の芯に怒りがあるのにそれをグッと抑えている。そんな状態ではないですか？　とお話ししました。

Sさんは、「すべてその通りです」と驚いていました。セッションを受ける少し前に会社で試験があったので、ずっと緊張が続いていたとのこと。また、ご家族の中で揉め事があり、言いたいことも堪えていて心を砕いているご様子でした。選んだ香りを嗅ぎながら話しているのですが、だんだんと力が抜け、心がほぐれてきていると感じました。最後に、その香りをブレンドして頂き、自分でブレンド名を考えていただくのですが、その名は「コミュニケーション」でした。

その後、Sさんはその香りを携えてご家族の話し合いに行き、後日無事に良い方向に話がまとまったと報告してくれました。

香りと記憶は繋がっているので、持ち帰った香りを嗅ぐたびに、力を抜こう、ほっとするオフの時間を作ろう、少しづつ心の丈を話していこう、と気づきます。それは表情まで穏やかにしてくれます。そして自分が変わると自分を取り巻く環境も不思議と変わっていきます。

ケース2

2人のお子さんを育てながらパワフルに働いているRさんは、ゼラニウム、レモングラスを選びました。

ゼラニウムは完璧主義の方が選ぶ傾向があります。レモングラスは、リラックスできるだけでなく、考え方も柔軟にすると言われています。

総合すると、働き過ぎ、強いストレスがかかっている。何か物事や考えを決めつけている傾向がある、ということが考えられました。

お伝えすると、確かに仕事が忙しく休日も出勤していたとのこと。ご自分でもこれはいけないと思い、お休みには旅行やイベントに積極的に参加してリフレッシュしていますとおっしゃいます。しかし完璧主義なRさんのことです。もしかして、旅行もイベントも、頑張ってしなきゃいけないと思っていませんか？　とお話しすると、ハッとされて、そうかもしれないですと言われました。

レモングラスは、体も心も休ませなさいというサインですとお話ししました。ブレンドした香りの名前は「休息日」。パワフルなRさんは、休むことにもパワー全開だったことに気がつかれました。「たまにはぼーっとした1日を過ごす事も大事ね」と、とても柔らかな笑顔で話されていました。

他にも頂いた体験者の声をご紹介します（アンケート）

■興味深い体験でした

前からすごく興味があったので受けられて嬉しかったです。ネロリ、レモン、サンダルウッド、すべて意味する言葉が自分の感情とピッタリとハマりました。自分を大切にしなければと強く思いました。（K・S様）

■これからの変化が楽しみです

無意識や直感で選んだ香りは、とても落ち着く心地よい香りでした。頂いたメッセージも、自分では気づいていなかった心と体からの叫びに感じ、体調管理なども、意識したほうが良い点を具体的に知ることができました。香りを継続的に嗅いでみることでのこれからの自分の変化も楽しみです。（S・K様）

■なりたい自分になる！

自分の今おかれている状況や心の声を聴くことができ、いろいろ整理できました。笑顔と優しい語り口でとても安心感が得られ、じっくり自分と向き合うことができ、なりたい自分も見つかりました。今後アロマを活用し、輝く自分になれるのが楽しみです。（K・M様）

6　アロマを使ったカウンセリングに必要なポイント

このセッションは、香りの中で自分自身と向き合ってもらうことに意味があります。私自身は特に何をしなさいとは言いません。ただ、選んだ香りからの本能の声を、わかりやすくお話しするだけです。あとはご自分が気づいて、自分の中にある答えを導き出すのを待ちます。「待つ」ことも言うほど簡単ではありませんが、そこは、香りがとてもいい仕事をしてくれます。例えば、嗅覚は記憶の中枢と繋がっているので、閉ざしていた記憶の扉も開きます。懐かしい記憶からご自分を取り戻す方もいます。

また、香る癒しのひと時で肩の力が抜け心が柔らかくなる、気持ちが前向きになるなど。こうした香りの力を味方につけて、本当の自分の心に気づくきっかけ作りや、自分と向き合うお手伝いをすることが、この香りメッセージの真髄だと思います。

香りというツールを使い、少しでも誰かの心が救われたり、前に進むきっかけになったり、元気になったり……その喜びを一緒に感じられることは、香りとの出合いで人生を変えることができた私にとって、この上ない喜びです。

7　最後に

私がこの理論に気づき、どのように実践していけば良いのか迷っていた頃、私のアロマの先生であり友人でもあるZさんから、アロマ関連のイベントを立ち上げるので出店して欲しいと誘われました。まだセッションプロセスも決まっていなかったのですが、何回かそこに出店して、試行錯誤を重ねながらやり方を確立していきました。

延100人以上の方に実践し、アンケートも取りながら内容を充実させていった結果、有難いことに今ではリピーターさんもつくようになりました。もちろん私1人の力ではありません。イベントを立ち上げてくれた友人や、応援してくださった方々、セッションを受けてくださったお客様そして、黙って見守ってくれた家族のおかげです。この御恩を決して忘れず、セッションを通じてたくさんの方に「恩送り」していきたいと思っています。

〈履歴〉

1961年　4月 鎌倉生まれ

1985年 12月 結婚

2008年　アロマサロン & スクール『Orange Miel』立ち上げ

2014年　ヨクス株式会社取締役に就任

〈資格取得〉

2002年日本アロマテラピー協会（現公益社団法人日本アロマ環境協会 以下 AEAJ）認定アドバイザー資格取得

2003年　AEAJ 認定インストラクター資格取得

2008年　JAMHA メディカルハーブコーディネーター資格取得

2010年　AEAJ 認定アロマセラピスト資格取得

2016年　MOVE コーチング資格取得

〈受賞歴〉

2008年度環境省共催『イメージフレグランスコンテスト』にて日本アロマ環境賞を受賞

2010年度 同コンテストにて佳作入賞

〈メディア実績〉

2015年　3月 江東区レインボータウン FM 出演

2015年　4月 レディオ湘南 出演

2015年　6月 レディオ湘南 出演

2016年　6月 レディオ湘南 出演

2017年 11月 レディオ湘南 出演

■ web サイト；https://kaori-message.com/

■ TEL：080-1036-8977

■メール：info@kaori-message.com

何かを探し続けるあなたに

青木孝子（音声心理士）

一般社団法人日本声診断協会認定音声心理学スクール代表
声診断メソッド（特許取得）を使用した認定資格、音声心理士、音声療法士を多数育成。
セッション人数は５０００人を超える。
音声心理士の会代表（ボランティアで子ども施設での声診断）

1　声診断との出合い

25才で起業。カウンセラーという仕事についたきっかけは、自分が何者かを知りたかったからです。「他人のことはよく見えるが、自分のことはよくわからない」。サロンに訪れる相談者の多くがこうおっしゃいますが、私もその一人だったのです。

大きな転機は父の死による婚外子の発覚、そして従甥の自死でした。残された者のその後の人生を大きく変えてしまう出来事に直面し、私は本格的にカウンセリングについて学び始めました。その時に出合ったのが、声診断によるカウンセリングです。それまでも様々な分野で相談業を学んできましたが、「心」の状態を視覚化し客観的に診断できるツールは、必ず人の助けになると確信できたのです。

この仕事は、右も左もわからない負けず嫌いな私が、世の中で頭をぶつけて経験してきたことすべてを活かせる天職だと思っています。

2 声診断って何?

声診断は「心のレントゲン」といわれ、声の周波数を12音階に分類し、一人ひとりが発している音のエネルギーをパソコン上に表すことによって、自分の今の状態を視覚的に知ることができるツールです。

現れた波形を基に、現状をひも解き、整理し、今囚われていることを洗い出します。その結果をセッションギバーとクライアントが共通認識で見ることにより「気づき」を起こし、現状を変えていく方法までも提示できるのが声診断によるカウンセリングです。

見えない心の世界を見える化することで最短で意識が変わり、現状も変化していきます。

ストレスケアはもちろん、その先の目的を持って生きるための手助けができると確信しています。まだまだ認知度が低い声診断ですが、最新のカウンセリング技術であると考えています。

3　私がカウンセリングで思うこと

悩みや迷いのお話を伺い、絡まった糸をほどいていくのはもちろん大切だと考えています。しかし今、もっと必要とされていることは、「自分が何をしたいのか」「何のために生きているのか」といった、自分の役割について知ることではないかと日々のカウンセリングで感じています。

悩み解決はもちろん大切ですが、本質を輝かせ役割を生きたいと考えている方の応援をしていくのが、私の喜びであり使命だと考えています。また、声診断は目に見えるツールであるため、カウンセリングに何度

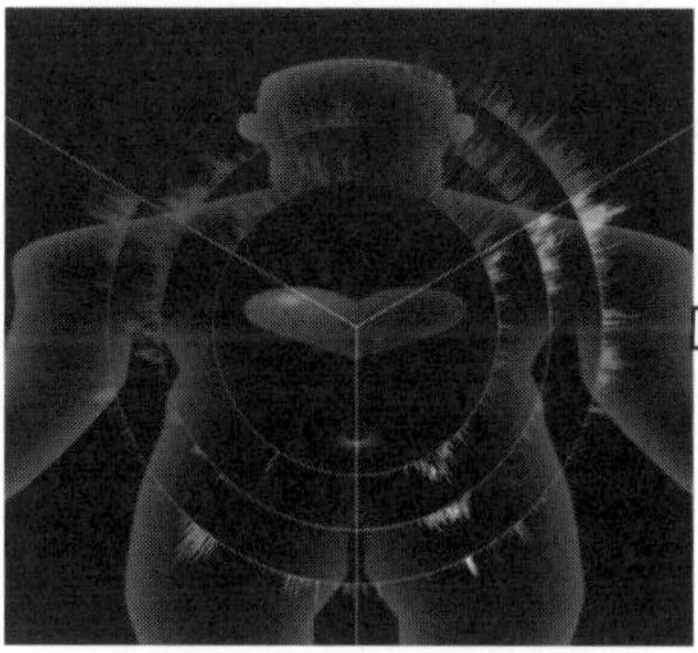

（カウンセリング前）

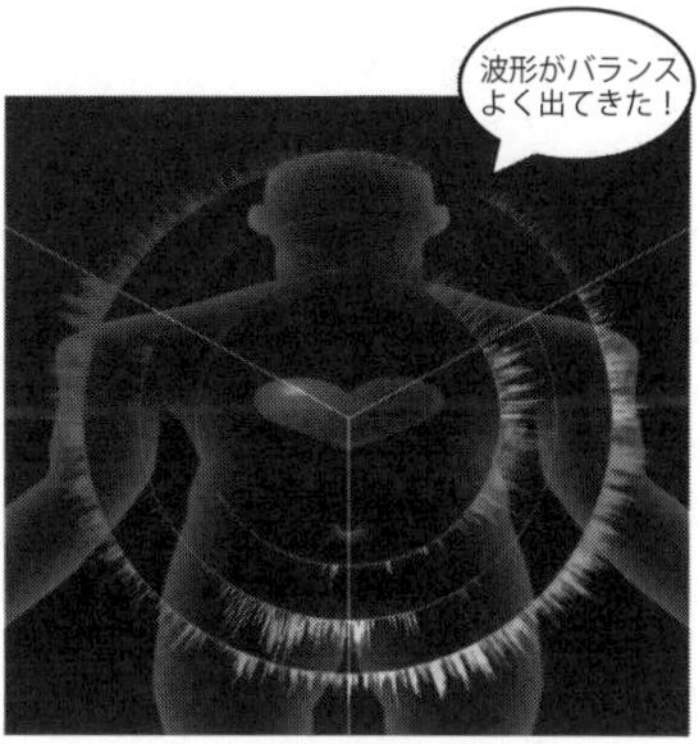

（カウンセリング後）

も通う必要がなく、短時間で原因を解明することができ、マインドワンダリングを防ぐ効果もあります。早く迷路から抜け出し自分の本来の道を歩むことができるのです。

4　一番大切にしていること

私がカウンセリングや講座をするときに一番気をつけていることは、今の自分がどのような状態にあるか自分自身が把握していることです。自分がバランスを崩していれば、それがそのままクライアントに影響してしまいます。

カウンセリングの時間は、クライアントまたは受講生と一緒に作り上げていく時間だと考えています。人の体は音楽を奏でる楽器と同じで、一人ひとりが異なる音を奏でていてもお互いの楽器が共鳴することにより、何かカタルシスに似た効果が起こるようです。その時、カウンセリングの最善の効果が生まれるのではないかと信じています。

5　これからの生き方とは

私を含めて多くの人々は、これまでの人生で、自分自身に多くの制限をかけて生きてきたように思います。「こんなことしたら・言ったらみんなにどう思われるだろう」、「小さい時にダメと言われたから」など、みなさん経験があると思います。

それを選んできたのは他のだれでもない自分自身です。確かに、周囲にそう言われたのかもしれません。本当にしたいことを我慢してきたのかもしれません。ですがそれは周りを気にして自分自身に枷をかけて生きてきたのではないでしょうか。

これからはその制限の原因に気づき、認め、許すことで自分に素直に生きていくことが本当の幸福に繋がっていくのではないかと思います。見られたい自分を生きるのではなく、本当の自分を生きていくことが一番のストレスフリーでバランスがよい生き方になると思います。それが自分の素質を最高に発揮できることにつながるでしょう。

6　カウンセラーを目指す人々に

私が代表を務めています「一般社団法人日本声診断協会認定音声心理学スクール」の受講を希望される方は、カウンセラーや看護士など専門職でキャリアを積んできた方が、次なるスキルを求めていらっしゃることが多いです。もちろん声診断カウンセリングをクライアントとして受けて感動して受講される方もいらっしゃいます。

今まで見ることができなかった心の世界を体系的に見ることができるメソッドに、皆さん驚かれます。ＩＴという最新の技術を用いながら、もっとも古典的な人の本質を意識し、一人ひとりの中にその力があると信じること、カウンセリングの基本は「愛」をシェアすることであると教えています。カウンセラーを目指す人には、まず自分の中の愛を育み、そして愛を出せる人になり、皆さんのお役に立ってほしいと思います。一番大切なことは「愛、信頼、感謝」であると考えています。

7　ご相談例

ご相談内容で常に上位を占めるのが職場の人間関係です。毎日会社に行くことすら辛くなり、心療内科に通うことになる方もいらっしゃいます。

40代前半の女性のご相談です。職場の人間関係でお悩みになっていて会社をやめようか、転職しようかと考えておられました。

声診断ではたった10秒の声からその原因を知ることができます。自分の何が引っかかりストレスに感じているかが12色で表示され、原因を見つけることができました。

「普通こうじゃない？　あの人、ありえないよね！」という自分の囚われに気づき、それを客観的に見ることで、「自分にはない」と思っていることが現実には存在することを認めざるを得なくなってきます。自分の思いに気づくことで自分を受け入れ、人を許すことに繋がっていきました。

自分にとって嫌な出来事こそが自分を知ることになり、人間性の成長につながりストレスが減少していくことになります。この女性は人間関係がスムーズになって転職することもなく、現在も同じ会社にお勤めになっています。

8 声診断の感想より

■とにかく声だけでこれほど正確な分析結果を出せる機械そのものと、声の波動がこんなにもさまざまな情報を発しているのだということに、ただただ感動しました。

■話をしている声とイメージしながら出した音を録音して解析しているだけにも関わらず、さらにはイメージ自体うまくできなかったにも関わらず、分析結果が本当にすべてにおいて的を得たもので説明を聞きながら腑に落ちる内容ばかりで驚きました。

■特に自分にとってストレスの原因となるものは何かの説明を受けた時、私の中に長い間蓄積されてきた知識、体験や感情が繋がったと感じました。

■ストレスの原因探しのプロセスの中で自分でもこれかな、あれかなと考えてきたことが、それらすべての感情や具現化した事象が、今回の声診断で知ったストレスの根本原因を、様々な違った角度から、違った視点から体験していたのだ、ということに気づくことができました。

■私が何年もかかって解決しようと悩んできたストレスの原因を、一発で一番根底の原因を探り当て、さらにはその声主に合ったストレス対処法まで出せる声診断は、素直に本当にすごいと思いました。とても大きな気づきを得ることができ、このような素晴らしい体験をさせていただき、心より感謝いたします。

9　カウンセリングに行くことをためらっているあなたに

「カウンセリング」に対して、まだまだハードルが高い世の中ですが、もっと気軽に相談ができるよう私たちも努力が必要だと感じています。今の日本では、夫婦喧嘩で一一〇番出動があるといわれています。確かに今何が起こるかわからない現代、考えさせられる問題です。

こうした事例は、「日頃の感情の蓄積が爆発して」発現したケースが多いです。そんな時、日頃のイライラを専門家に話すことで、心が整理され「溜めない生き方」ができるようになります。そうすることで新しい自分を歩む、第一歩に繋がると信じます。一人で考え込まずに、どんなことでも気軽に相談していただきたいと、私たちカウンセラーは願っています。

〈履　歴〉

茅ヶ崎生まれ

25 歳で飲食業を起業

その後、大手損保代理店、不動産賃貸業を経て、

総合ヒーリングスペースＩＳＩＳＳを主宰

現在、一般社団法人声診断協会認定音声心理学スクール代表

離婚歴あり、子ども２人

■オフィシャルサイト： http://isiss.jp/

■一般社団法人日本声診断協会認定音声心理学スクール：
https://www.facebook.com/onseisinrigaku/

■ Mail： info@isiss.jp

未来へ向けて踏み出す一歩、手伝います

加藤美津子（家庭問題カウンセラー）

1　プロフィール

自身の離婚、再婚を通じて40歳で大手探偵社に入社。そこでの経験を活かし独立。現在、総合探偵社ＰＲＩＤＥを運営。夫婦問題をはじめとし、親子問題やトラブル解決など、相談数２５００件以上。「相談して良かった」「依頼して良かった」と言っていただけることが何より嬉しい。

１９６５年　東京生まれ　千葉育ち　獅子座

2　私が「家庭問題カウンセラー」になったきっかけ

「相談員・カウンセラー募集」。この求人広告を目にしたのは、40歳の時でした。

20代前半で結婚し、DV（当時はまだ、世間的には大きく認識されてはいなかったと思います）と配偶者の借金問題で離婚を決意したのは、結婚後わずか2年程のことでした。

幸いなことに子どもはおりませんでしたが、それでも離婚を成立させるまでには相当のエネルギーを使いました。誰かに相談できるわけでもなく、また離婚後に迎える生活の変化など、一人であれこれ思い悩み、離婚そのものを躊躇もしました。もともと嫌いで結婚することはまずないわけです。それでも「このままで本当に良いのか？　5年後は？　10年後は？」と自分に問い、そして自分で自分の背中を押すような形で離婚に踏み切りました。

今にして思えば、私はとても幸運だったのだと思います。DVに関わる離婚は、非常に危険を伴う場合が多く、最近は悲惨な事件を見聞きすることもあります。当時まだ若い、20代の決断でしたが、危険な目に遭うことはありませんでした。

その後、現夫と33歳で再婚し、34歳で娘を出産しました。夫は穏やかな性格で、新たな結婚生活は特に大きなトラブルを抱えることなく、日々を平穏に過ごして来れたと思います。一般的にありがちな些細な夫婦喧嘩や娘の保育園探しの問題などはありましたが、ごくごく普通の家庭生活を送れるという、当たり前の暮らしをありがたく感じていたのを覚えています。

家計的には、決して裕福ではなかったので、仕事を掛け持ちした時期もありました。娘と過ごす時間が少なく、淋しい時もありましたが、それでも先の見える苦労は耐えられないものではありませんでした。

我家は夫婦共働きでしたが、このころ私はあれこれと模索し、化粧品や健康食品関係の自営業を始めました。当時、娘もまだ小さく、保育園には入れたものの、熱が出たり体調をくずしたりすれば、急な休みを取らなければなりません。そうなると正社員としての就職は、決して容易なものではありませんでした。そこで、慣れない仕事ではありましたが、時間のやり繰りを自分でできて、自宅をベースにできる自営業を始めようと思い立ったのでした。

20代の頃、広告代理店勤務や接客業を経験しましたが、離婚後、未熟だった自分の時間を取り戻したいと考え、25歳から学校に通い写真を学びました。また、いろいろな世の中や人の暮らしを見てみたいとの好奇心から、カメラを片手に海外を旅したりもしました。

そんな生活から一転し、再婚、出産後、新しく始めた仕事はまったく経験のないものではありましたが、多くの方々と接していろいろなお話を聞く機会に恵まれました。それらが現在の私の原点になったのだと思います。

先にも書きましたが、私が家庭問題のカウンセラーになったきっかけは、求人広告を目にしたことが始まりでした。娘の小学校入学を機に、「正社員として就職しよう。どんな仕事を選ぼうか」と考えた時、それまでの自分を振り返ってみました。結婚や離婚、そこに至るまでの出来事、多くの人々との出会い、またそこでの様々な経験をし、40歳という年を迎えたタイミングで「相談員・カウンセラー募集」の文字を目にし、私自身の経験が、少しでも他の誰かの役に立てればと考えたからです。

私が広告を見て訪ねた先は、ある大手の探偵社でした。

3　探偵業の中のカウンセラー

「探偵」と聞くと、浮気調査・不倫調査をイメージされる方が多いかと思います。また、イメージはできるけれど、日常生活の中ではあまりピンと来ない方がほとんどではないかと思います。

確かに「探偵」という名称は知ってはいても、なかなか一般的に浸透しているものではないのかもしれません。探偵の仕事の基本はおもに「調べる」「探す」です。人を探すであったり、真実を知るために特定の人物の行動を調べて事実を確認するなどが、基本的な仕事です。

では、なぜ「探偵業の中のカウンセラー」なのでしょうか?

私が初めて探偵社の相談員を始めたころから、実に大勢の方々の様々なご相談を受けました。お一人お一人が置かれている状況も異なりますし、また求めている調査の難易度もいろいろです。例えば、夫や妻、パートナーの行動に不信感は持っているものの、今の段階では確信がなく事実を確認したいだけのケースもあれば、明らかに不倫相手がいて平和であった家庭生活が危機に瀕しているといったケースもあります。

中には夫あるいは妻が既に家を出てしまっていて、納得のいかないまま離婚を迫られているケースもあります。不倫の事実を隠されて、不和の本当の理由もわからないまま自分に何か落ち度があったのだと思い込まされて、ご自分を責めている方もいらっしゃいました。先の見えない悩みの渦の中で、何も手につかなくなってしまっているケースでした。生活費をまったくストップされ、お子さんを抱え経済的にも精神的にも疲れ果て、身動きが取れなくなってしまった方もいらっしゃいました。

探偵にご相談なさる方やご依頼なさる方は、そこに至るまで何度も悩んだり、深く傷ついた状態でおいでになることが多いのです。そして、ご相談においでになった時点では、その後のご自身の取るべき行動や、選びたい道がはっきりと決まっている訳ではありません。ほとんどの方が、今の苦しい気持ちから抜け出したい、生活を守るために何とか事実を突きとめて方法を考えなくてはならないという思いを抱えていらっしゃいます。

ですから、探偵は単に調査を作業として、事務的に仕事をこなしてはなりません。探偵業とは、ご依頼を受けて調べた事実の「結果」を報告する業務であることには間違いありません。ですが、その時点の状況や情報だけを伺って調査を進めたとしても、そこから上がって来る報告書だけで、ご依頼者がベストな状況になれるとは限りません。

調査結果をご依頼者にとって、活きた意味のあるものにしなければ、調査はただ単に真実を知ったというだけのものになり、場合によっては、ご依頼者の悩みや苦しみを決定づけるだけになってしまう事さえあります。調査をしたことによって知った事実を、ご依頼者のその後の生活に役立ててこそ、探偵・調査は意味を持ちます。

そのためには、お一人お一人異なった悩みを抱えるご依頼者のご事情を聞き、お気持ちを聞くことが大切です。そしてご依頼者が望む方向や最良の結果により近づけるための調査方法の提案や、その期間の過ごし方のアドバイスなどのサポートが重要となってきます。

探偵業の相談員は、ご依頼者のご相談の入口です。直に接するご依頼者のお気持ちや状況をしっかり受け止めて、実働する現場の調査員（探偵）に適確に伝えるパイプ役となります。またそれによって、一つとして同じ状況ではない調査結果を、お一人お一人のご依頼者にとっての意味のあるものとし、生活や置かれている状況をお守りするものに仕上げていきます。

探偵業における相談員は、カウンセラーとしてご依頼者にしっかりと寄り添い、支えるという気持ちが大切です。探偵とカウンセラーは、正に両輪なのです。

4 探偵業だからこそのカウンセリング

探偵の仕事は、調査を実施することにより、そこから明らかになった事実をご依頼者に、調査結果として報告することです。初めてご相談を受けた時が、第一段のカウンセリングとするならば、事実を知っての調査途中の打ち合わせは、第二段のカウンセリングと言えます。

一般的に探偵業としては、調査終了までは途中経過は細かく報告せずに、最終的な報告書をもって完了とするところが多いのですが、それは事務的に調査作業を進めているからという訳ではありません。ご依頼者によっては目にした現実の思いのほかのひどさに平常心ではいられず、夫や妻を問い詰めて証拠を隠されてしまったり、状況がさらに悪化したり、あるいは心身のバランスを崩してしまい、日常の生活にも支障をきたしてしまうことも稀ではないからです。確かに、調査をしてご依頼者に有利な状況をもたらすためには、不用意に途中報告をしないのは大事な注意点です。

それでも当社では、途中状況をご依頼者と打ち合わせ、お気持ちを伺いながら調査・カウンセリングを一緒に進める方法を採っています。探偵を必要とするご依頼者は、調査報告書を相手に突き出し対決したり、または相手と一対一で向き合える状況の方ばかりではないのが実情だからです。

もちろん、調査報告書を用いて夫や妻との離婚に向けた話し合いをする方や、不倫相手に慰謝料なりを求める方は、そこから弁護士にご依頼なさるケースもありますが、迷いながら本心では相手との修復を望む方がいらっしゃるのも事実です。

たとえば、夫あるいは妻の様子がどうしてもおかしいと思われ、調査をなさったご依頼者の案件で、不倫の事実が明らかになったとします。報告書を前にご夫婦で話し合いをした際に、不倫をしていた側の夫あるいは妻が「自分が悪かったから、調べられても当然です。どうか許してほしい。もう二度とこんな事はしません」というケースは、ほとんどありません。それどころか、調べた相手を責める場合が非常に多いのが実際です。「僕（私）のことを疑っていたのか？」「そんなふうに疑うから、夫婦関係がうまくいかないんだ」など、耳を疑いたくなるような妙な返答が返ってきたり、さらにひどいものでは、「俺の稼いだ金で俺を調べたのか？もう二度と家に金を入れない」と理不尽極まりない捨て台詞で、家を出て行った夫のケースもありました。

このように、実際の被害者であるご依頼者が、さらに精神的に追い詰められることのないように、途中経過の打ち合わせや探偵ならではのカウンセリングは重要なものになってくるのだと思います。

探偵業として調査を含めたカウンセリングは、少し特殊なケースも多く、ご依頼者がいくら悩んで考えてもなかなか解決策や出口が見つけられないものが少なくありません。必ずと言っていいほど、相手との複雑な状況が絡んでいることが多いからです。

まるでドラマのような展開や、なんともやり切れない事実に直面することもあり、すべてがハッピーエンドばかりではなく、理不尽な結果に悔しい思いをすることも、踏み込んではいけない歯がゆい思いをすることもあります。それでもご依頼者に「苦しかったけれど、依頼して調べてもらって良かった」「あの時は辛かったけど、今は幸せに生活しています」といったお便りをいただくと、これからも探偵業としてのカウンセラーであり続けたいと思えるのです。

5　これからカウンセラーを目指す方へ

現代は情報社会であり、私たちの周りには実に様々な情報が溢れています。SNSなどのネット系から、テレビ・ラジオなどのマスメディア、雑誌などを通じて、いろいろな情報を手に入れることができます。もしも何かに困った時や悩み事がある時など、それらの数多くの情報の中から自分に必要な情報を拾ってくることも可能でしょう。とても便利なものだと思います。

だけど、悩んでも悩んでもなかなか解決への出口が見つからない時やどうしようもなく苦しい時は、どんなにたくさんの情報や指南書のようなものがあったとしても、それを自分の中に落とし込んでいくことは、とても難しいのではないでしょうか？　心の底から辛い時、数多くの情報よりも、自分に寄り添ってくれるものほど心強いものはないと思います。カウンセリングとは正にそれであり、カウンセラーは、それぞれ異なる悩みを抱えているご相談者にぴったりと寄り添う理解者でありアドバイザーなのだと思います。

カウンセリングの方法は、対面式であっても、メールなどの通信式であっても良いのだと思います。いずれの形であれ、ご相談者が一方的に手にする万人向けの情報ではなく、ご相談者に寄り添う「生の声」だからです。

私の場合は、探偵業ということもあり、ご依頼者の状況を聞くこと、望む方向を聞くこと、調査完了までの不安なお気持ちを支えること、そして調査終了後のアドバイスをすることなど、聞き取りや対話、カウンセリングは必ずセットになっているものです。ですから、一般にいうカウンセラーという道を選んだのとは少し違います。それでも探偵業とカウンセリングが、切り分けられたものではなく一体なのは、探偵は正義の味方ではなく「依頼者の味方」と考えるからです。カウンセリングも、ご相談者を「治す」ではなく「わかる」ということ、「ご相談者に寄り添う理解者」として支える、手助けをするという根本の部分が同じなのです。

これからカウンセラーを目指す方々は、様々なご自身の体験や思いから、その道を目指そうとお考えになることでしょう。自分以外の誰かのために、役立てることを喜びに感じたいと思う方が多いのだと思います。確かに、誰かの役に立てる喜びや「ありがとう」と感謝していただける嬉しさを直に感じることの多い、とても有意義な仕事だと思います。その反面、仕事として成り立たせるために、集客をいかにしてするかという点や、カウンセラー自身が精神的に疲弊してしまうこともあるといった問題もあります。

集客については、SNSなどのネット系やメディアや雑誌などの媒体を使ったり、いろいろな方法があります。他にも交流会に参加したり、弁護士や行政書士などの士業の方々と交流を持ったり、多くの人と知り合い、繋がりを作っていくなど、カウンセラーとしてのご自分の存在を、周知させていくこと、広めることが大切だと思います。

また、精神的な疲弊を防ぐ方法としては、すべて背負い込もうとしない、抱え込もうとしないことも大事ではないかと思います。それは、決してご相談者の話を親身に聞かないということではありません。

カウンセラーを目指し、誰かの役に立てることを喜びにしたいと思う根本は揺るぎません。自分の気持ちを信じて進んでいっていただきたいと思います。そして、選んで信じて進む道を続けていくためには、自分が悩みに取り込まれて身動きが取れなくなることがないようにすることが大切です。

カウンセラーはご相談者に寄り添う、「治す」のではなく「わかる」理解者であり、アドバイザーです。「しかるべき時が来たら放す」ために、自分の周りの協力者や、自分の手を離れたご相談者を託せる信頼できる自分のブレーンを作ること、人との出会いや繋がりを作っていくことが大事です。それは地道な積み重ねですが、カウンセラーを必要とする人がいる限り、貴方がそのような方々の助けになりたいと思う限り、途切れることなく永遠と続く道です。「継続は力なり」です。なぜ、カウンセラーを目指したのか、自分の思いを信じ一歩一歩進んで行くことが大切なのだと思います。

6　未来へ向けての一歩

現代の人々は、いろいろな便利さを手に入れたことにより、だいたいのことは難なく解決できるようになりました。

しかし、心の中のケアだけは、いくら世の中が便利になったからといって簡単に解決できることばかりではありません。むしろ、情報や選択肢が増えるほど、迷いや悩みが増えることが多いのかもしれません。

たとえば、昔は大勢の家族で住み、迷ったり悩んだりすることがあれば、周りの誰かに相談して一緒に対策を考えたり、近所の友人や知人の知恵を借りたりと、孤独感を持たずに解決したことも多かったのだと思います。

ところが、現代は生活のスタイルも大きく変わり、独りぼっちになったような感覚で、悩みの渦から抜けられなくなってしまう人が増えている実情を痛感します。どんなに世の中が便利に変わっていこうと、人が生きていく上で、迷わずに悩まずに過ごせるということはないのでしょう。

悩んで答えが出ることであれば、大いに悩んで答えを出すことも良いのでしょう。でも、正解がないことで迷い悩み、どうどう巡りを続けることはとても辛いものです。そんな中で、自分自身や大切な周りの誰かを傷つけたり、すべてが嫌になってしまったり、不幸な事件など望まぬ方向へいくことさえあります。

そんな時代だからこそ、カウンセラーという仕事は、ますます必要とされてくるのではないでしょうか。

過去から現代、そして未来へと人が生きていく中、迷いや悩みは当然のことです。世の中が変わり、生活のスタイルが変わっても、人の感情は変わりません。探偵業として、カウンセラーとして、ご相談者に寄り添い支えて未来へ向けての一歩を踏み出すお手伝いをさせていただきたいと思います。

株式会社 加藤企画　代表取締役
総合探偵社ＰＲＩＤＥ　代表
一般社団法人 離婚準備支援協会　理事

〈資格〉
一般社団法人 日本心理療法協会加盟
心理カウンセラー

〈メディア協力〉
（ＴＶ）
　スーパーモーニング（テレビ朝日）取材出演
　とくダネ（フジテレビ）取材協力
　アゲるテレビ（フジテレビ）取材協力
（ラジオ）
　Ｓｈｉｂｕｙａ ＦＭ（出演）

総合探偵社ＰＲＩＤＥ ＨＰ：URL（http://detective-pride.com）
総合探偵社ＰＲＩＤＥ住所
　神奈川県横浜市中区長者町５丁目７５-１
　　　　　　　　　　スクエア長者町３１４
　ＴＥＬ ０４５-２４１-８９７０
　フリーコール ０８００-９１９-８９７０
　メール info@detective-pride.com

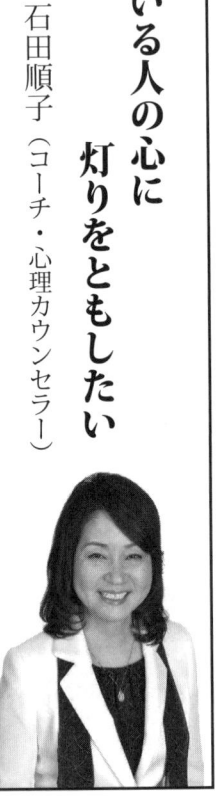

悩み惑っている人の心に灯りをともしたい

石田順子（コーチ・心理カウンセラー）

1　プロフィール

航空会社のＣＡとして34年間勤務し、両親の介護のため退職。コーチと心理カウンセラーの資格を活かし独立起業。セルフイメージの書き換えをするエネルギーマスターの資格を加え、セッションを提供。病院での不妊治療で効果がなかった女性が妊娠できた成果を得て、セルフイメージやビリーフチェンジの重要さを実感。現在は、女性専用匿名電話相談「ボイスマルシェ」の相談員として活動。対面カウンセリングは、銀座カウンセリングルームで行っている。

４年間の両親の介護と看取りの体験で魂の存在に触れ、人は心と身体と魂の存在であることを実感。一周忌明けのタイミングで最適な人に出会い、59歳で5歳年下の男性と初婚同志の熟年結婚を決意。人生晩年の青春にチャレンジ中。
34年間の会社生活での学びを綴ったブログをまとめ、『さぁ、運を引き寄せる達人になろう！』（文芸社刊）を出版。

2　私が心理カウンセラーになった理由

15年ほどの乗務生活の後、CAの新人養成訓練部の教官を2年間勤めました。外国人も採用しており、外国人CAの育成に当たっては、日本文化や行儀作法を理解し身に付けてもらうことに大変苦労をしました。会社の提供するサービス品質を維持向上すべく指導するのですが、自分自身のサービス技量に自信がない上に、英会話力の低さもあり、自分の理想とは程遠い指導力のジレンマに陥り、自分を責め続けると同時に弱さを見せられないマイナス感情の泥沼に嵌っていきました。

誰かに相談をしたかったのですが、部内の誰かに話せば、自分の評価を落とすことになるのではと怖く、また他の人の悪口や批判をすることになりそうで、相談する勇気を持てませんでした。また部外の人に話せば部の批判になり、逆に私自身が批判されるかもしれない、社外の友人や家族に話せば理解されず心配をかけることになるのではと逡巡し、誰にも心の内を話す勇気を持てませんでした。

初めてのロンドンベース新人クラスを何とか仕上げた後、声帯から声が出なくなりました。自分で自分を追い込んでしまったストレスであることは明らかでした。2週間ほどで声は出るようになりましたが、普通に会社に勤務していても、このように心が疲れ果ててしまうことを身にしみて体験しました。

差し障りのない誰かに話を聞いてもらいたいという強い思いがありましたが、ｗｅｂサイトが普及していない頃でしたし、心理カウンセラーに相談するのは病気になってしまった人だと思い込んでいました。その時、アメリカで定着しているカウンセリング文化のように、日常生活のちょっとした悩みでも気軽にカウンセリングを受けに行くような社会の実現を願い、私自身がいずれはカウンセラーになりたいという気持ちが芽生えたのです。

まずは、自分の気持ちを素直に表現する力を身につけようと、パフォーマンス学を学び始め、職場の指導に役立てるためにコーチング、さらに心理カウンセリングの勉強へと繋がっていきました。不規則な乗務をしながら学び続けられたのは、同じように悩んでいる人の役に立ちたいという強い思いと、自分の心の深奥と対話するようになり、周囲に合わせてばかりだった自分が少しずつ自分軸を創り、本当の自分になっていく実感を持ち始めたからでした。

3 「すべては最善のために起こっている」という観点で、事象の奥を見つめる

原因と結果の法則、因果応報などの言葉が示すように、物事には必ず原因があります。過去は現在の原因であり、現在は未来の原因であるのは事実ですが、さらに遡って「なぜその原因となることが起こったのか」と疑問に思っていた時、私は心理学者アルフレッド・アドラーの目的論を知り、納得することができました。

出来事は、本人も気づいていない無意識レベルで選択した目的があるということです。自我意識では受け入れられない事柄であっても、実は無意識レベルの自分が決めている……。潜在意識や無意識界を理解するには時間がかかりましたが、霧が晴れたように自分自身や世の中のことが理解できるようになりました。

この地球、そして宇宙の一部として一人の人間を捉えた時、生命エネルギーの循環の一部である自分がとても愛おしく、かけがえのない存在に変化しました。それまで否定的に思っていた人を含め、すべての人が尊い存在に変化し、辛い思い出は自分が精神的な成長をし、幸せになる目的のための経験だったという見方に変化しました。

この確信によって、どのようなご相談内容でも平静にお話を聴けるようになりました。自分が自分のために選ぶ目的に悪い目的はありません。今はその人にとって辛い、苦しい時であっても、やがて本当の幸せを掴み人生を豊かに味わうために、実は奥深いところから指令

されて経験しているのだと信じられています。心は弱っていてもその人の魂は決して傷ついていないとわかるのです。ご相談者の方の魂に焦点をあてていると、言外にその方自身の健全さがわかり、存在そのものに対する信頼感や安心感が伝わるように思います。

4　相談者の方にかつての自分を観る

私は、おもに働く女性の自信回復と精神的な自立を促して自分軸を創ること、自己実現をテーマに相談をお受けしています。ご相談をお受けしていると、20～50代の女性は、34年間のCA生活のどこかにいた自分だという思いがしています。人間関係、やる気の喪失、モティベーション維持、ストレスコントロール、自信回復、転職願望、昇格昇進不安、恋愛問題、介護、死別など、状況は違っても経験した心の動きに共感できます。ご相談者の方へかける言葉は、実は以前の私に声をかけているような錯覚を持つことがあり、私自身がどんどん癒されていくのを感じる時期がありました。

また不思議なことに、自分がどのようなアドバイスをしたらよいか不安に思っている事柄があると、そのようなご相談が来ます。同じようなご相談が2、3件続いたのち、そのケースのカウンセリングに自信が持てると、その内容のご相談は来なくなります。鏡の法則や反転の法則がありますが、自分の心の中に反応する因子があると引き寄せが起こってくることを、まさに実感しています。

　また、相談者の方に助けられ育てられているのを実感しています。会社内でのコーチングやカウンセリングは、社内という内輪です。独立した当初は、様々な職種や状況の方のご相談を、予備知識がないままお受けするのが大変不安でした。開業して3か月ほど経ったとき、月に一度利用してくださるリピーターさんが現れ1年間続けてくださいました。この方のご相談が多岐に渡り、まるで私の練習のための存在のように思いました。私が自信を失くしていた時には、「声を聴くだけで安心できるのです。特に悩みは何もないのですが、この間のお礼を言いたくて」と言って、わざわざ料金を払ってセッションを受けてくださるのです。心から感謝したい方でしたし、私がカウンセラーとしてやっていくことを、神様から承認され応援を受けているような思いがしたものです。

　カウンセラーの役割は、相談者の方の気づきや納得を促し、行動の変化を選択してもらい、元気になって自立してもらうことです。時には、私への依存になっていないか、私を頼るために悩みを作り出しているのではないかと心配になることもあります。数回、長い方では1年以上のリピーターさんが終了されていくのは、若干寂しさを伴うこともありますが、まるで、巣立っていく訓練生たちを見送った時と同じ感情を想起するかのようです。

5　気づきと納得、腑に落ちた感覚が行動を促す

相談中にご相談者の声のトーンが明るく変化すると達成感を得られますし、体験談をいただいて、目から鱗が落ちる気づきを得られたと言われると、心から嬉しく思います。その人の内面から湧きあがるエネルギーを引き出せた実感は、私自身を元気にさせてくれます。人の役に立つのは心から嬉しく、私自身のエネルギーやモティベーションが上がるので、やりがいとなっています。あの方は、今頃どうしていらっしゃるだろう……、お元気にお過ごしでと心から祈っています。

以下は、ご相談者の声の一部です。

自信回復、自分軸作り、自己実現のご相談をおもにお受けしていますので、ご相談内容は多岐に渡ります。どのようなご相談をお受けし、どのようにお答えしているかを体験談から読み取っていただくとわかりやすいと思いますので、多めに掲載させていただきます。

■自分には何もないと思っていましたが、今まで生きてきて無駄な経験は何もない事を教えて頂きました。家事や子育ての経験も、自分が好きなことも仕事に繋がると教えて頂きました。具体的な職業などの提案もして頂き、考えるきっかけを頂いたことで前に進めそうです。（50

代／女性）

■不安でもやもやしていることをひと通り話したら、そこから整理すべき悩みを取り出してほぐしてくれました。対人関係などで悩みがたくさんありましたが、「すべてうまくいってる」という言葉をいただき安心することができました。（20代／女性）

■前回ご相談させて頂いてから約1か月ぶりで、色々あり過ぎた1か月分のモヤモヤや心配事も、たった1時間のセッションで驚くほど軽くなりました。会社の人にはっきり物申してしまい、自分ではそれは社会ではとてつもなくいけない事だと思っていましたが、客観的に見て考えてみて、どれも正解で人間関係は時に摩擦も起きるものと言って頂き、特に気持ちが楽になりました。弱気にならずこの軽くなった気持ちを少しでも長く保てるようにしていきたいです。メモした言葉を時々見て心のトレーニングです。私の声は張りがある、と言って頂いたこともとても嬉しく励みです。（30代／女性）

■自信のなさをカバーするための助言を頂きました。精神論ではなく、地に足のついた助言をいただいたと思います。（30代／女性）

■相談については、柔らかな物腰ながらも、しっかり悩みの解決に向き合い、整理し、具体的な方法を示していただきました。癖になっている考え方に、明るい視点をいただいたこと、要所で話の方向性を確認してくださることも、わかりやすさの点でもありがたかったです。

心だけでなく身体のお話をしてくださり、専門的なお話もあり充実でした。(30代／女性)

■とにかく私の話を充分聞いてくださいました。その上で、外的にどうしようもないこともあるけれど、私の思いから悪い循環になっていることは、気持ちを切り替えることで、捉え方が変わることをアドバイスしてくださいました。自分の気持ちから今の状況を生み出していると言われ、目から鱗で、すごく納得感がありました。アドバイスのように気持ちを切り替えたいと思います。(40代／女性)

■いつも悪い方へ悪い方へ考えてしまう自分が嫌でした。考え方の癖を直したいと相談したところ､先生から「それは慎重だから。決して悪いことではない」とのアドバイスを受け､びっくりしました。ポジティブでないといけないと自分の中の思い込みがあり、自分を責めていましたが、考え方の転換でどうとでもなれるんですね。これからのヒントになりそうです。同じ出来事でも、自分とは違った観点でみると まったく違うものになるようです。それに気づきました。(40代／女性)

■心理学的なアプローチで、一つ一つ丁寧に問題点や対応の仕方についてアドバイスをいただき、自分では気がつけなかったことも多く指摘していただきました。1回ではご相談しきれなかった思いがあり、後日もう一度ご相談に乗っていただきましたが、前回のことをよく記憶していただいており、スムーズに相談することができました。客観的に自分を見ていただき、どのように対応していけばいいのかについて、具体的なアドバイスをいただけたことで、最後には気持ちがすっきりしました。私自身の立場や気持ちをよく理解してくださったことも、嬉しかったです。とても感謝しております。本当にありがとうございました。(40代／女性)

■好きな仕事をして自己実現をしたいのに育児だけで疲れ果ててしまい、何も出来ないほど体が重くなることがあるので困っていました。今は育児休業中ですが、下の子が保育園に入園するタイミングで起業したいのに、その勉強ができずに焦っていました。私の理想とする仕事やお金のこと、起業について「それは可能です」とはっきり言っていただき自信になりました。話しを聞いていただき、セッションの方向性を2つ提示して選ばせてくださいました。自己実現をするプロセスについてか、自己実現とはそもそも何かという基盤の話かです。私は後者を選びました。私は自己実現についての条件を外側に求めていました。(仕事、お金など)しかしそれではその条件が実現しても、他の条件が出てきてしまうそうです。自己実現は自分の内側に求めるものだというのが目から鱗でした。(20代／女性)

■現在悩んでいる根本的な原因は、今でも後悔している過去にあり、自分が思っている以上に過去の出来事に、自分自身が囚われていることに気づかせてもらうことができました。また、自分を褒めるということの意味がわからない私に、それがどういうことなのか、どうすればよいかを、実践的な方法も含めて教えてくださいました。自分が気づけない点を教えてもらえたことが、何より良かった点です。自分がやるべきことは、はっきりしました。本当にありがとうございました。（40代／女性）

■私の人生の一つの深い悲しみであった母との突然の死別のこと、母と過ごせた時間、思い出を聞いて頂きました。そのことで、これまで寂しさに苦しんできましたが、言い表せない安らぎを感じることができました。この安らぎと優しさを自分にも他人にもわかち合う生き方をしたいと思いました。人にも他人にも厳しいと良く言われ、自覚もしていながらなかなか変えられませんでした。長かったトンネルの出口の先に希望が見え、これからはゆっくり楽しみながら毎日を過ごしていきたいと思いました。（50代／女性）

■序盤で「根性論は別の話なので置いておきましょう」と爽やかに諭されてからよどみが晴れていきました。性格・経験値・成熟度は人それぞれだけど、原因と解決策を探るのに根性論をねじ込むから私は先に進めなかったようです。有料の相談は、女子会の愚痴聞きとは全然違うものなんですね。正確に聞き出してくださり、脱線させず、要所に知識やテクニックに基づくアドバイスをくださって、上手な先生の整体を受けた気分です。とてもソフトな優しいお話のされ方で、アドバイスはかなり理論的で記憶に残りやすく、楽しかったです。（20代／女性）

■石田先生に初めて相談にのっていただいてからもうすぐ一年になります。やっと円満に解決し私は自分の道を見つける事ができました。とても複雑な人間関係のこじれだったので、途中、自律神経失調症のような状態になったりもしましたが、大事なく乗り越えられて来たのは、石田先生のお支えがあったからです。今回この事で心が疲れてしまっているにもかかわらず、新しい道へ行く意欲をくださったのも石田先生です。石田先生にお逢いしていなかったら今の私はいません。石田先生、本当に本当にありがとうございます。先生のお声は私の癒しなんです！（40代／女性）

6　カウンセリングは自分自身を癒し解放し、精神的成長になる

一つ一つの体験談は、時間が経って読み返しても私に力を与えてくれます。難しいご相談や対応に苦慮することもありますが、その度に新たな学びの分野が広がり、勉強を続ける原動力となっています。カウンセラーを続けている限り、私の学びは続くのだと覚悟していますし、何より自分が慢心しないこと、決めつけをせず、私の価値観を押し付けないようにお話を聴くことを心がけています。暗闇はたとえ深くとも、灯りが点けば、瞬時に闇は消えます。たとえ小さな灯りであれ、人の心に灯をともしたい。ライトワーカーとしての働きは、自覚さえあればどのような職種であっても可能ですが、特にカウンセラーはご相談者の胸の内を聴き、直接心に接するので、大きなやりがいと誇りを持てる仕事だと確信しています。

7　一人一人が尊い存在であることを敬い、ひいては世界平和まで繋げたい

不安をあおるような事件や災害が多く、労働者が酷使されている厳しい社会ですが、意識の向け方、心の構えで状況は変化し、苦境の経験は実は真に幸せになるための準備期間であり、なりたい自分の人生は自分で創っていけるのだと伝えていきたいと思っています。

また、両親の介護と看取りで確信したスピリチュアリティや死生観を加えてお話する機会を増やしたいと思っています。一人一人がかけがえのない存在であることを思い出し、本当の自分に出会い、心から豊かな生活を送ることは、誰にでも可能であることをカウンセリングやお話会、講演会を通して伝えていきたいと思っています。

<履歴>
1959年　岐阜県生まれ
1979年　（株）日本航空スチュワーデスとして入社
1984～85年　早稲田大学　第二文学部在籍
国内・国際線乗務、訓練部教官、シニアキャビンスーパーバイザー
2009年からの会社の倒産に至る過程、V字回復、再上場への過程を経験
2013年4月　両親の介護のため退職
2013～2016年　両親の介護と看取り
会社在籍中に、心理カウンセラー・コーチ・エネルギーマスターセラピスト・パフォーマンスインストラクターの資格を取得
2014年5月「さぁ、運を引き寄せる達人になろう！」文芸社　出版
現在　華コンサルティング代表

<活動>
★女性専用匿名電話相談「ボイスマルシェ」相談員
★銀座カウンセリングルーム主催
★渋谷クロスFMゲスト出演
★中学・高校・専門学校・自治体などで講演多数。

■オフィシャルサイト　https://hana-consulting.jp/
■ボイスマルシェページ　https://www.voicemarche.jp/advisers/162
■ブログ　https://ameblo.jp/hanakaiunjyuku

TEL：080-6921-4147　　メール：info@hana-consulting.jp

自分の人生は自分が主役

栃堀英久（精神障がい者当事者　講師）

1　プロフィール

精神障がい者でありながらこれから心理カウンセラーを目指す者の一人。精神科の初診は13歳。子どもの頃から病院と薬とのお付き合い。純度１００％の精神障がい者（入院経験もあり）。20代は鬱症状がひどく好不調の波に振り回され「人生どん底状態」だったが、祖母の死と怪しい本との出合いから徐々に生きる希望を見いだす。

現在、神奈川県伊勢原市にある就労継続支援Ｂ型事業所　社会福祉法人緑友会「つくし」に通所中。時に勉学に励みながら自身の学びや体験談を語り、精神障がい者への差別と偏見をなくすために活動中。面白いもの、くだらないものが大好き。ヴィレッジヴァンガードによく出没する。

※「精神障害者」を「精神障がい者」と表記しているのは私のこだわりですのでご了承ください。
※「カウンセラーじゃないじゃん！」というツッコミは受け付けておりません。ガラスのハートゆえ、寛容な心で読んでくださると嬉しいです。

2　精神障がい者の私がたどり着いた場所

時は2010年12月30日。祖母永眠。92歳、大往生でした。なんとか葬儀を終えることができましたが、この時とっても鬱状態。気がつけば30歳を超えているというのに、満足に働くこともできず、未来に希望なんてものはまったくありませんでした。「俺ってば栃堀家の不良債権だよね……」

そんな私はお寺の次男として生まれ、僧侶を目指していました。ですが中学生のときに体重が激減。「摂食障害」を発症。7ヶ月半入院しました（↑ちなみに当時、子どもで男の摂食障害は珍しく、神奈川県内で2例目。まさに時代の最先端をいっていた！）。なんとか体重も回復し復学するも、20歳の大学生のとき、寮生活で「鬱病」を発症。そしてのちに退学することに（泣）。地元の病院に通院しながら社会復帰を目指し、アルバイトもいくつか挑戦しましたが、体調の波が激しく長続きせず……。そんな日々を繰り返すうちに、周囲の同級生たちは結婚して働いている。働けない自分、「俺はどうすればいいんだ……」と不安に押しつぶされそうなとき、私のターニングポイントが訪れました。入院していた祖母が亡くなったのです。

祖母の葬儀が終わり、毎日をただなんとな～く、ウツウツと過ごしていたとき、本屋さんで怪しい本と出合いました。なぜ怪しいと思ったのか？　それは作者が「雲黒斎（うんこくさい）」だったからです（↑そこですか！　そこに食いつくか、俺！）。なぜかこの怪しい作者に惹かれて本を購入。その本の中で「今、ここを生きる」という人生を変える言葉に出合いました。

私はまず1日を生きてみました。朝起きて3食食べて夜寝る。そんな一般人には当たり前なことができない自分にショックを受けました（↑わかってはいたけど改めて気づく）。私は先のことは考えずに1日、また1日をただ生きてみました。継続するとはすごいもので、ただ1日を生きるという積み重ねが、興味や好奇心をここまで湧き出させてくれるとは思いもしませんでした。

私は心理学や自分の病気についてより興味を持つようになりました。その中の一つに「コーチング」があり、たまたま近くの大学の公開講座で「コーチング入門」を発見。「1ヶ月だけだから」と、軽い気持ちで受講したのがドツボにハマるきっかけでした（笑）。

コーチングでは「自分と向き合う」というとてもパワーと覚悟がいる作業に取組むことに

なりました。講義中に具合が悪くなって頓服薬を飲み、廊下の椅子で休んでいたこともしばしばです。ですが体調が悪くなる苦しさよりも、「自分のことをもっと知りたい！」という思いが勝り、コーチングを続けることができたのです。2年後、日本コーチ連盟認定コーチ養成プログラム基礎・応用コースを無事修了。私は「俺はMだな」としみじみ感じたものでした（笑）。

そんな私の学びと体験を地元で開催された「精神障がい者体験発表会・ハートメッセージ」で話をさせていただいたところ、予想以上の高評価をいただき（↑ウケたとも言う）、その発表を聞きに来てくれた友人から「栃堀さん、学生の前で話しない？」とお誘いまでいただきました。

また、コーチング仲間から繋がった人たちと交流していくうちに行動範囲も交友関係も広がっていき、様々な職種、世代、立場の人の中に身を置くことができました。私はその場がすごく新鮮で興味深く楽しく、そこで「自分にしかできないことがある」と実感しました。その体験が現在の活動に繋がっています。縁や繋がりってすごいものですね。

3　私たちのことを知ってほしい！

私は現在「鬱病」で通院、服薬しながら就労支援施設に通所し、就労訓練を行っています。

その他に年に数回、看護学生の前で自身の体験談を語っています。

また「ピアサポーター」という活動もしています。「ピア」とは英語で「仲間」と言う意味。私たちの間では「当事者」という意味でも使います。ピアサポーターは精神障がい者の退院促進事業の一つで、私たちが精神病院へ訪問し、入院患者さんの前でテーマに沿った自分の体験談を話します。「私たちはここまで回復して社会でがんばってますよ〜」と伝えるのが目的です。

精神障がい者の入院患者の一部は、様々な理由や事情で長期入院を余儀なくされています。年単位という入院生活になっているので、「今さら社会に出られない、出たくない」と思ってる人が多いのです。なので経験者の話は説得力抜群！　私たちピアサポーターは、「退院してもちゃんと生きていけることを知ってもらいたい」という思いで話をしています。

ピアサポーターの中には悩み相談を受けている人もいて、「ピアカウンセラー」と呼んでいます。同じ当事者だからこそわかりあえる、当事者にしかできない職種でもあります。ピアカウンセラーに資格はありません。カウンセリングスキルと同じ精神障がい者であるなら名乗ったもの勝ち（笑）。まだ職業として成立はしていませんが需要はあり、やりがいのある仕事です。これは精神障がい者に限らず、様々な「当事者」に当てはまります。当事者だからこそわかりあえること、伝えられること、共感できることがありますよね。

残念ながら、世の中にはまだ精神障がい者に対する差別、偏見、先入観があります。差別や偏見は「正確な知識がない」ところから始まります。「精神障がい者ってどんな人?」「精神障害?　何それ?」という無知識から、「怖い」「どう接していいのかわからない」「変な人」など間違った情報が広まっているのが現状です。

まずは専門家から「正しい知識」を知り、実際に精神障がい者たちの話を聞いてみてください。やっぱり体験してみるのが一番だと思います。

また日本人は特に「マイノリティー(少数者)」を排除する傾向があります。個性、個性と言いながら皆と違うと「変な人」と言われ、空気読め!　とか仲間はずれにされて……。それで周りが気になって、気にし過ぎてストレスたまって……。そりゃ病気にもなりますわ。

これからは「多様性」を受け入れる時代です。私は自分自身の体験を話したりブログに書いたりすることで、「私たちのことをもっと知ってほしい!」と情報を発信しています。そして私自身、同じように悩み苦しんでいる人たちに寄り添える仕事ができるなら、こんなに嬉しいことはありません(↑それで収入がほしいのも事実)。

4　私の学びと生きがい

私、こう見えて結構動き回っています。とはいうものの、同年代の社会人のような体力と財力を持ち合わせておりませんので無理は利きません。遠出して勉強してきた次の日は、ほぼ自宅でグッタリです（汗）。限られた中で都内に出てはコーチング、エニアグラム、心理学などを学び、スキルの向上と自分自身に向き合っています。そしてなぜだかよく職務質問されます（笑）（↑怪しそうに見えるらしい）。

２０１７年は通信教育で「メンタルケア心理士」という資格を取得し、心理カウンセラーへの第一歩を踏み出したところです（↑都内じゃなくて通信じゃん！　なんてツッコミはなしで）。

現在の学びの中心は「ダイバーシティークラブ」です（↑お台場じゃないですよ）。コーチング講座で一緒に受講していた人が実は「ビジネス心理学講師・酒井とし夫先生」というちょっとすごい人で、酒井先生の主催している勉強会です。「多様性」を重視しているだけあって、様々な職種と世代の人たちが集まって講演をしてくれます。自分には関係のない話を聞くだけかと思いきや、メンバーの溢れんばかりのパワーと私が経験したことがない世界に触れることで、多くの学びや気づきをもらっています。

しかし、今の私の収入では会員になることはできず……。酒井先生と会員の皆様の了承を得て、勉強会の後に行われる「懇親会」（↑ただの飲み会ともいう）だけ参加させてもらっています。もちろん自己負担。みなさんは月１回、片道２時間かけて２時間の飲み会のためだけに参加しようと思いますか？　私はその懇親会に参加するだけでもダイバーシティークラブの「縁」や「繋がり」、「多様性」の大切さを身をもって学びました。もう感謝、感謝！ダイバーシティークラブのみんな、ありがとう〜〜〜！（残念ながらダイバーシティークラブは、２０１８年2月をもって休会してしまいました）

と、いうわけで私にとってキーワードでもある「多様性」は、日常生活でも大いに関係があります。先ほども書きましたが精神障がいはだいぶ認知されてきたとはいえ、まだマイノリティーな存在です。多様性を受け入れることは私自身のテーマの一つでもあります。そのヒントは「自分自身を知り、他人との違いを尊重する」ことだと思っています。

人は意識していないと自分の基準で相手を理解しようとし、自分の型にはめ込もうとします。なので「自分の基準を知り、自分の基準と相手の基準は違うことを認めてあげる」。どちらが正しいわけでもなく、ただ「違う」ということに気づき、知ることです。当たり前なんですけど、そこに落とし穴が！　当たり前だから意識すらしないのです。難しいですね。みんなが理解できてたらすでに世界は平和になっています（↑私も人のことは言えない）。

こうやって普段の学びや気づきを自身の体験談とともに、同じ精神障がい者たちや学生の前で話しをします。

「精神障がい者のイメージが変わった」（↑もっといろんな人がいますよ〜）。

「話が面白くて本当に精神障がい者なのかと思った」(↑次の日はグッタリで動けませんよ〜)。「人前で話せるなんてすごい」(↑実は平静を装っているだけで心臓バクバクいってますよ〜)こんなアンケートの感想をいただくたびに、「自分にもできることがあるんだ」という喜びと自信を実感しています。ワタクシ褒められると伸びるタイプみたいです(笑)。この「自分にもできることがある」ことが私の生きがいになっています。

5　私の生きる道

今、私がやりたいと思っていること。心理カウンセラー、講師活動、執筆活動の三本柱で収入を得ること。そして結婚……?　と言いたいところですが人生何が起こるかわかりません。この3つを平行しながら活動するのは正直、難しいですね。今後、心理カウンセラー一本で独立しているかもしれませんし、講師として全国を飛び回っているかもしれません。はたまた今とはまったく関係のない職についているかもしれません。

しかしすべてに共通していることは「自分が主役である人生を生きる」ということです。自分の人生は自分が主役。ただでさえ思い通りに行かないことが多い世の中。愚痴りながら生きても、楽しく生きても同じ自分の人生なら「やりたいことやって楽しく生きたい!」。それが世の中の人に役に立って、お金がもらえるのなら言うことなし!　そんな生き方を心がけています。まぁそんな私もしょっちゅう悩み、凹み、落ち込んでいますが（笑）。

私は「人生、学びに終わりはない」と思っています。学びや気づきは机の上だけじゃなく、あらゆる日常に転がっています。なのできっと生涯現役でしょうね。本や勉強会で学ぶことは大切ですが、「体験」はより大切だと思います。その場の雰囲気、感覚、実感。体験はよりリアルに記憶に刻まれるからです。まさに百聞は一見に如かず、いや、一体験の方が得られるものは大きいのではないでしょうか。

私は心理カウンセラーを目指す者の1人です。これからは国家資格もできてカウンセリングも受けやすくなるでしょう。でも「いろいろな専門分野のカウンセラーがいるんだよ！」ということを知らなければ、どこに相談に行ったらよいかわかりません。そこまでたどり着くまでに悶々と悩むことになってしまいます。

カウンセラーと精神科には違いがありますが、私はこれまで、病気についてサポートしてくれる場所がどこにあるのか？　どこに相談したらいいのかわからないという精神障がい者をたくさん見てきました。色々な専門分野のカウンセラーがいるんだ、という情報を発信して、世の中の人に知ってもらうことも私たちの重要な仕事です。

6　カウンセラーを目指す人たちへ

　私と同じようにカウンセラーを目指す人たちへ、特に私の病気のようなメンタルヘルスに関わる人たちは、スキルだけでなく、人柄も重要です。なのでぜひ自分と向き合ってみてください。そして自分自身の良いところ悪いところを知り、自分を深めていってほしいと思います。

　私が交流分析の勉強をしていた時、「自分自身の心を深めた分だけ、相手の心と深いコミュニケーションが取れる」と教えてもらいました。自己理解が浅ければ、浅いコミュニケーションしかできないということです。さらにカウンセリングにもい

ろいろな専門分野があるように、たとえ同じ分野でもいろいろな人物のカウンセラーがいていいと思います。

精神科の先生でも患者にとって相性があり、自分に合った主治医を見つけることで病気の回復具合はだいぶ早くなります。カウンセラーの中にもきっと「自分に合う、合わない」があると思います。「私、カウンセラーに向いていないかな？」と思ってもまずはやってみてください。この本を読んでいるということは、少なくとも「カウンセリングに興味がある」ということなのですから。あなたを必要としてくれるクライアントがきっといるはずです。

私自身「私らしいカウンセラー」になりたいし、この本を手に取ってくれたあなたにも「あなたらしいカウンセラー」を目指してほしいと思っています。

<履歴>

１９７７年 7月　神奈川県生まれ

１９９０年　　　精神科初受診（摂食障害）

１９９７年　　　大学在学中に「鬱病」発症し大学中退

２０１１年　　　ターニングポイント！

２０１３年 11月　一般社団法人日本コーチ連盟
認定コーチ養成プログラム　基礎・応用コース修了

２０１６年 2月　メンタルケア学術学会
メンタルケアカウンセラー資格取得

２０１６年 11月　神奈川県県央地区ピアサポーター「チームせんとらる」に登録

２０１７年 5月　メンタルケア学術学会 メンタルケア心理士資格取得

<実績>

２０１２年　県精連主催　精神障がい者体験発表会・ハートメッセージ in 伊勢原にて発表

２０１４年　県精連主催　精神障がい者体験発表会・ハートメッセージ in 鎌倉にて発表

２０１６年　メンタルヘルスマガジン「こころ元気＋」１２月号の表紙になる

２０１３年～２０１７年　年1回、東海大学健康科学部看護学科学生に体験発表

２０１５年～２０１７年　年1回　東京医科大看護学部学生に体験発表

<ブログ>

精神障がい者「えいきゅ～」が人生で学んだ『笑顔で生きるヒント』

■ https://ameblo.jp/eikyu-jinsei-manabi/

メール：kokoro_alchemist89@yahoo.co.jp

性格は変わる！　生きづらさ解消！　自分のことが好きになる！

米倉佳子（アダルトチルドレン専門カウンセラー）

1　プロフィール

アダルトチルドレンとは気づかずに、人との関係が苦手、孤独感・疎外感などの生きづらさを抱え、「人生は修行、人は苦労するために生まれてきた」そんな私が再決断療法に出会い、性格や生き方が変わることを実感。51歳より心理カウンセラーとして活動を始める。

0～16歳までの生育環境・親子関係が元になって性格はでき上がり、大人になって、生きづらさ・悩みの原因になることから、再決断療法、ゲシュタルト療法、NLP、感情処理法、ファミリーコンステレーションなどを使い、自分を変えるための心理療法を行なっている。

2　私がカウンセラーになった、きっかけ

10年前のこと、母との関係にほとほと悩んで困った私は、秋田に移り住んだ叔母のところへ相談に出かけました。20年ぶりの再会、叔母は何時間でも話を聞いてくれました。帰る頃には、ドロドロだった胸の中はスッキリ！　びっくりする程、軽くなっていました。

「ねぇおばさん、私、なんでこんなに気持ちが軽くなったんだろう？」

叔母は「傾聴の勉強をしたのよ」と言いました。この体験が、カウンセラーへの道のスタートです。

●誰にも言えなかった胸のうちを話せた

●親身になって聴いてもらえた

●気持ちを受け止めてもらえた

アダルトチルドレン専門カウンセラーになった今も、私が一番大切にしていることです。

私と一緒に学ぶ心理講座の受講生達は、うつ、過食嘔吐、対人恐怖など、心の問題を抱え、転職をくり返したり、夫婦、家族、親との関係に悩み苦しむ人ばかりでした。「自分が嫌い」「自分の人生をどうにかしたい」「なんとか、この先の人生を変えたい」カウンセラーを目指すというよりは、自己解決のために学ぶ方がほとんどでした。

私の悩みといえば、毎月、生理周期に合わせて【気分の落ち込み】が激しい事くらいと思っ

ていましたが、あとになって、たくさんの心の問題を抱えていることに気づかされます。「平気！　悩んでないよ！」という仮面をつけて生きている私と、自信がなくて不安いっぱいの私、そのギャップが「落ち込み」の原因でした。

人に負けないように頑張って、一生懸命努力する私。人の言葉に深く傷ついて涙を流し、いつもひとりぼっちで孤独な私。それが、仮面で隠していた私の本当の姿でした。

1年半かかって、宿題・課題がいっぱいの講座を終え、心理カウンセラー仲間と共に「ヒプノセラピー」を学びます。中でも前世セラピーは、3D映画を観るように自分の前世を体験するもので、興味津々、とりこになります。さっそく、友人に体験してもらい、口コミだけでどんどん広まる、人気の前世セラピストとなりました。

「人はなぜ生まれてきたのか」「この人生の目的は何なのか」内容は人によって様々で、光からもらう今生へのメッセージは大人気です。内容を練り上げた独自の前世セラピーでしたが、効果の出せない症状がありました。解決できないモヤモヤを抱えて、活動への意欲は次第に減っていったのです。

ちょうどその頃、友人の紹介で参加した心理講座に「これだわ！」と、受講を決めます。悩んでいた症状を解決できる本格的な心理療法・再決断との出会いでした。

学ぶうちに、私自身の心を見つめ、気づいていなかった数々の課題への取組みが始まります。

講座中のワークやカウンセリング実習を通して、私自身の課題に向き合い、解決して行く事で、私の人生は想像もしなかった「人との関係に悩まない、楽しい人生」へと変えることができました。

心理療法の学びは、今も続けています。人間関係の苦手を克服できて、カウンセリング仲間達とも繋がれるようになりました。相談しあったり、共に学びを深めていくことが、今の生きがいになっています。

3　私が「アダルトチルドレン専門カウンセラー」になった理由

アダルトチルドレン自己診断チェック

□自分に自信が持てない
□自分の短所、他人の長所をつい比較してしまう
□○○でなければ！　○○しなければ！　と思ってしまう
□ネガティブな方向ばかりに考えてしまい、眠れないことがある
□いつも自分が悪いと思ってしまう
□人の目が気になる
□言いたいことが言えない

□人を頼れない、甘えられない
□人を信じられない
□完璧主義
□孤独感、疎外感、自分の居場所がないと感じる
□自分のことが嫌い
□死にたい、消えたい、と思ったことがある
□人に弱みが見せられない
□人に相談事が出来ない

これらは、アダルトチルドレンの代表的な悩みです。

かつての私自身の悩みでもあります。あなたはいくつチェックがつきましたか?

自分の心とうまくいかず、人ともうまくいかず「人生ってなんだろう」「生きるって何」「いっそ生まれなければよかった」と思うこともありました。

「悩みや生きづらさは、原因があって起きてくる」という心の仕組み、心のカラクリがある事をほとんどの人が気づいていません。もったいないと思います。

性格だからしょうがないとあきらめていた私が、性格を変え、人生を変えることができたのです。

自分はダメと思うことがなくなり、人との関係が円滑になり、孤独感や疎外感はスーっと姿を消しました。

心理の勉強を始めて10年、たくさんの時間とお金を使って、今の私にたどりつきました。

「性格は変わる」「人生は楽しい」「人は幸せになるために生まれてきた」「カウンセリングで変われるんだよ」と、たくさんの方に知ってほしいと思います。カウンセラーとして活動するのは、そのためです。

同じ悩みを抱える方を一人でも減らしたいと思っています。

「悩んでいない」「平気」という仮面をつけて、弱さを隠して生きている、そのつらさ、苦しみがわかる私だからこそそのカウンセリングをしています。

4　性格は育った環境、親との関係で作られる

性格は0～16歳くらいまでに、育った環境の影響を受けながら、できあがります。内向的・外向的という傾向、気質など、生まれつきのものは40％、その後の影響は60％と考えられています。つまり、性格形成は、生まれより「育ち」なのです。

自分が嫌い、人との関係が苦手、生きづらさを感じる方に共通する問題、それが「子どもの頃の親子関係」アダルトチルドレンです。

「なぜ悩むのか」「なぜうまくいかないのか」なかなか一人では原因に気づく事ができません。幸せになりたい！　人と親しくなりたい！　けれど、心にブレーキがかかっています。

【アダルトチルドレンとは】

「機能不全家庭で育ったことにより、成人してもなお内心的なトラウマを持つ」と言う考え方、現象、または人のことを指す。頭文字を取り、単にACともいう（「ウィキペディア日本語版」より）。

非の打ち所のない子育てができる親は、この世の中には存在しません。子どもが望む、いつも笑顔で、包容力があって、全身全霊で受け止めてくれる理想の親、という訳にはいかないのです。

親自身がストレスを抱えていたり、アダルトチルドレンだったという事も多いのです。

●親から愛されたという実感がない
●親からほめられた事がない
●親にわかってもらった事がない
●親から怒鳴られたり、叱られてばかりだった
●親から他の兄弟や、人と比べられていた

●親から守ってもらえなかった
●親が過保護、心配症だった
●親は子どもが嫌いで、無視されていた
●両親はケンカばかりだった
●両親の仲が悪く、離婚した
●親はいつも仕事で不在だった
●母親、父親は幸せには見えなかった

このような環境で育ったことを、親のせいにしたままでは、人生は好転しません。「私は変わる！」「生き方を変える！」「幸せになる！」と決心したら、アダルトチルドレンは卒業できます。そのお手伝いをするのが私、カウンセラーの役目です。

5　心のブレーキをはずす

生き延びるため、周囲の期待に応えるため、両親から愛情を得るため、子どもの頃に取り入れた生き方のルール、それが心のブレーキの正体です（ほとんど無意識に取り入れたものです）。

大人になって窮屈に感じたり、悩みの元になったりする心のブレーキ（信じ込み）のパターンを変える事で、悩まない生きやすい性格に変わります。心のブレーキの代表例を３つあげてみます（心理学では、現在25のブレーキがあると考えられています）。

6　自信がない・自分はダメだと思う

この悩みの根っこは……、子どもの頃の親からの言葉や態度にあります。

●いつも「お前はダメだ」と言われた
●いつも怒られていた
●努力しても頑張っても、ほめてもらえなかった
●自分以外の兄弟、姉妹ばかり可愛がられた　等

子どもは「自分はダメなんだ」「愛されない存在なんだ」と思い込みます。

「よくできたね」「それでいいよ」「よく頑張ったね」「いい子だね」

子どもは、親に認めてもらい、それでいいよと受け止めてもらって、自信が持てるようになります。

何かができた、できないというのではなく、根拠のない、生きている存在そのものに対する自信です。人間の土台となるもの、心理学では「自尊心」・「自己重要感」と言います。

自己診断チェック

□自分には自信がないと感じる
□自分はダメ、劣等感が強い
□人前で緊張する
□失敗を過剰に恐れる
□人からの評価、人からどう思われるかが気になる
□人からほめられても素直に受け取れない
□自分のことが好きになれない
□他人と比較して勝ち負けにこだわる　等

カウンセリングを受けると、「自分を信じる」という心構えが出来上がります。自信が持てるようになると、新しい何かにチャレンジしたり、知らない事を勉強したり、ワクワク楽しい人生に変われます。自信は、少しづつ増えていきます「これができた」「これもできた」自信はその積み重ねです。失敗することがあったら、工夫してもう一回やったらいいとお伝えしています。

私の場合「自分はダメ」「自分が悪い」という考えが起こらなくなりました。頭に浮かばないという感じです。自分が好き、自分を大事にできるようになりました。

カウンセリングルームを持つ決心ができたのも、その一つです。「家賃を払っていけるかしら？」などの不安はたくさんありましたが、「よし、やってみよう！」一歩づつ進んでいったらいいと自分に言えました。

振り返ってみると、あの時、カウンセラーになる覚悟が決まったのだと思います。

7　人との関係が苦手、親友がいない、いつもひとりぼっち

この原因は、子どもの頃、安心して親に近づけなかったことです。

- 親が怖い人だった
- 親の機嫌が急変する
- 親が自分を嫌っている、自分に無関心
- 子どもの頃、親とのスキンシップがなかった
- 親が人付き合いの苦手な人だった
- 学校などでいじめにあった

子どもの頃の傷ついた体験が元になって、心の奥・潜在意識に、「もう傷つくのはイヤ」「人は怖い」と自分を守る行動をとっている状態です。それで人と親しくなれないのです。子どもにとって、親から嫌われたり、拒絶されることは、命に関わる重大なことでした。

それが解消できると、本音や本心で人と付き合えるようになって、友達がたくさん増えます。人との関わり方がわからなくて、あれこれ考えたり、心配したりがなくなります。

私の場合は、「苦手な人がいてもいい」「すべての人と親しくならなくてもいい」そんなふうに思えてきて、すごく楽になりました。

8　集団が苦手、自分だけ浮いている、孤立感や疎外感を感じる

幼稚園児の私は、友達と遊ばない、おしゃべりをしない子どもでした。このスタイルは大人になっても変わりませんでした。集団に混じれないのです。社会人になってからがつらかったです。会社の飲み会が苦手で、できれば参加したくない。みんなの会話についていかれずに、自分だけ浮いている感じがしました。

カウンセリングでは、こんな質問をします。「その感じ、いつ頃からありましたか?」

私の場合、幼稚園のときにすでにあって、人の輪に入れない感じは、家族の中で感じていたことだと気がつきました。原因は、
●子どもの頃、家族がバラバラだった
●子どもの頃、家族と離れて育った
●学校でいじめや仲間はずれを経験した

●親が仲間や団体に加わらない人だった　等

解消できたら一人でセミナー、お茶会などに参加し、どんな集まりでも、楽しく居心地の良い自分を実感することができるようになりました。

9　一番に願うのは「子どもの笑顔・幸せ」です

親が子どもに与える影響は絶大です。子どもの幸せを願うなら、子育ての極意、愛情のかけ方をぜひ知ってほしいと思います。

自分がしてもらった子育てを、我が子にもしてしまうので、アダルトチルドレンは代々続いてしまいます。世代間連鎖を断つ、止める役目の人が必要です。子育てについては、完璧でなくてもいいので、「ここだけは！」という大事なところを知ってほしい、広まってほしいと思っています。

重要なのは、これから親になる人、子育てに苦労している父親・母親がアダルトチルドレンを克服することです。

カウンセリングでは、我が子をアダルトチルドレンにしない極意もお伝えしています。

人との関係が苦手、生きづらい、恋愛、結婚、子育て、親子関係に悩んだら、アダルトチルドレンかも？　と考えてみてください。

＜履歴＞

1958年11月　東京生まれ

2009年より　カウンセリング活動を開始

2016年 6月　アダルトチルドレンで悩む方向けに、東京・北千住にカウンセリングルームを開設

2016年 6月　匿名電話相談サイト「ボイスマルシェ」の相談員として登録

＜資格取得＞

2010年 8月　日本メンタルヘルス協会・公認カウンセラー取得

2010年10月　日本催眠誘導協会催眠講座修了

2011年10月　椎名ストレスケア研究所心理カウンセラー資格取得

2012年 9月　ホリスティックアロマテラピー講座修了

2012年 1月　日本心理療法協会カウンセラー認定

2013年 6月　日本プロセラピスト養成講座修了

2015年10月　日本能力開発推進協会　夫婦カウンセラー資格取得

2017年 6月　スピリチュアル・ユニバーシティ
トランスジェネレーションヒーリング講座修了

2017年 8月　メンタルサポート研究所心理カウンセラー養成基礎講座受講中

■ブログ「アダルトチルドレン卒業カウンセリング」

性格だからしょうがない、あきらめていませんか？
いろいろ試したけど、変われなかった方、ご相談ください。
https://ameblo.jp/yoshiko-yonekura

PTGを生きる……波瀾万丈の人生経験を土台に

金沢幸枝（心理手相カウンセラー）

1　プロフィール

複雑な機能不全家族で育つ。「石の上にも三年いれば暖まる」のことわざを実行し納棺師をはじめ、多種多様な職歴と十数種の資格を有す。２０１１年3月11日、福島県南相馬市（自宅は福島第一原子力発電所から23キロ地点）にて東日本大震災を体験。同年4月、「Ｗａｋｅ ｕｐ！ 実行委員会」を設立。実行委員長として「必要な人に必要な情報を届けたい。点をつなげ、線をならべ、面をかさね、優しさのカタチを創る」を目標に掲げ、国内外の有志と共に被災地を中心に活動。「チャイルドラインふくしま」でのボランティア活動も継続中。経験豊富・幅広い知識とＰＴＧを力に変えた複数サバイバーの心理手相カウンセラー。

2　長き道のりの果てに

☆第一のきっかけ

私がカウンセラーになろうと思ったきっかけは、子どもが難病になったことからでした。当時はこの病気に関しての情報不足や偏見がありました。残念ながら今もその流れは変わっていません。

地元のほぼすべての病院を受診し、すべての病院で言われた原因がストレスとの事でしたが、私は信じられませんでした。

また子どもが病気になると、「母親の育て方が悪い。血筋が悪い。働いているのが悪い。食べ物が悪い」など、すべて母親のせいにされました。「そんなはずはない」と周囲の声に反発しながらも自責の念は日ごとに増すばかりでした。夫に助けを求めてもわかってもらえず、通院と仕事と学校との連絡を一人で抱え孤独な日々を過ごしていました。

発病から半年が過ぎようとしていた頃、通院先で臨床心理士のカウンセリングを受けられるようになりました。

「発病に関して、お母さんは何も悪くないです」。先生からもらったその一言でやっと救いの神が現れたと思いました。出口のないトンネルで真っ暗な闇の中に明るい光が差し込んだような気持ちになりました。が、それも束の間、臨床心理士と子どもの関係が壊れたのです。

いつしかクライアントの流れではなく、カウンセラー主体の流れになっていたのです。謝罪を受けましたが後の祭りでした。

再度、闇の中に親子共々投げ込まれたような気持ちになりました。病気の辛さから「死にたい」と毎晩泣く小学5年生の我が子に「大丈夫だよ。治るからね！」と言いながらも、「親子心中をしてこの状況から逃げてしまいたい」と、そればかり脳裏をよぎる日々でした。我が子二人が不登校になった時期もありました。離婚経験があり、自らの子どもとの親子関係を複雑にしていた事実もあったため、やはり母親である私のせいなのか？　と自責の念にかられました。

「死ぬこともできない、毎日こんな日々を送るのは辛すぎる、こうなったら自分でどうにかできないか？　そうだ。私が一番身近にいるのだから、自分がカウンセラーになれば良いんだ！」と思うようになりましたが、実行までに結びつかず数年が過ぎました。

☆第二のきっかけ

私は複雑な家庭環境かつ機能不全家族に育ちました。両親は共に再婚同士。母（２００７年4月2日死去）は姉と兄を連れての再婚。父（２０１７年9月29日死去）は、酒を飲むと人格が変わる酒乱、つまり私はＤＶを見続けて育ったのです。

負の連鎖はそこで止まらず、母はＤＶをふるう夫の〝娘〟に対し長きにわたり虐待を行ったのです。重ねて父は養女の姉に虐待をし、姉は私にトラウマの再現を繰り返したのです。そんな機能不全家族で育ったにも関わらず、私の幼い頃の夢は「お嫁さん」でした。人一倍、結婚に対する憧れが強くありました。

愛情不足の渇きから盲目になりかけた、時期もありました。多くを求めすぎた結果、他人や自分を大切にできない負の流れは濁流となりました。「なんで私ばかりこんな目にあうんだろう」。被害者意識が強まり自分枠の強要は他人へと刃先を変えていきました。理解してもらいたい感情が強いために感情のすれ違いが生じ、心を閉ざしてしまうのです。みなさんにはそんな経験がありますか？　いろいろな場面で自分をアピールしつつもどこかで否定し、自己肯定力が低いどころか心のどこかで感じてしまう自己否定と空虚感。こうした経験が私のカウンセラーとしての骨格部分となっているのです。

そして、その経験がチャイルドラインのボランティア活動へと結びついていきました。活動を通して「なぜ自分は見知らぬ子どもに寄り添いたい」と強く思うのだろうか、という活動とは裏腹な疑問も生まれました。疑問事態どうして疑問に思うのか。当時は見つからない答えを探し続けていました。

そんな時、ＮＰＯ法人レジリエンスの「ファシリテーター養成講座（ＤＶ・トラウマについて学ぶ）」を受講し、失くしていたピースが何だったのかわかったのです。そして、声をかき消されがちな当事者（サバイバー）が表舞台に立っているのを目の当たりにし、大きな勇気をもらえたのです。それはトラウマから自分の過去や現状を客観的に理解する事へと繋がっていったのでした。

☆第三のきっかけ

三年間の絶縁状態を終わらせた翌日に亡くなった母親の死がきっかけとなり、私は生と死の境界線で仕事をする納棺師になりました。そして東日本大震災を体験しました。震災で生死を分けた多くの命、生を失った御遺体は何も語らないようでいて、体全身から過去の生を訴えてくる事がありました。また御葬家の対応をさせていただく中で感情の浮き沈みが激しい悲嘆期に於けるグリーフケアは必須という思いから、「一般社団法人グリーフケア協会」でグリーフケアについて学びました。

☆第四のきっかけ

傾聴やグリーフケアを学んだ後、人間心理への学びを深めたくなりました。一般社団法人日本プロカウンセリング協会で心理カウンセラー、ＦＩＴファシリテーター、箱庭療法など学術と実践的な技法を学びました。

その後、心理カウンセラーとしてデビューしたものの、クライアントとの距離が生じる事に気づきました。心理カウンセリングのネーミングから、敷居の高さや何か明確な問題を抱えている人でないとカウンセリングは必要ないと思われがちなのでしょう。

もっと身近にカウンセリングを受けて心のモヤモヤを軽減し、自分らしく生活できるようになっていただくにはどうしたらいいのだろうか？　具体策を見つけ始めました。

☆第五のきっかけ

一般社団法人ＨＡＳＴＡ手相学研究所の学びとの出合いが大きなチカラを与えてくれました。巷の手相占いではなく『人生哲学：何故に生きるのか、手は脳の反射である：人の意識や心理〝心〟を知る（ＨＡＳＴＡ手相学スクールＨＰより引用）』。それは、今までの学びをさらに活かしてくれる内容がぎっちり詰まったもので、私自身の生きにくさの理由を理解でき、「これはいける！」と確信できた事が私の背中を押してくれました。

こうしていくつものきっかけを経て試行錯誤を繰り返し、「心理手相カウンセラー」の誕生となったのでした。

3　自分らしく生きるための伴走者

専門は何ですか？　と問われたら「なんでもカウンセリングです」とお答えします。医療の現場でいうなら総合診療科です。カウンセリングという型に嵌め込もうとするとズレが生じる事を経験しているので、百人いれば百通りの寄り添い方、カウンセラーに合わせたカウンセリングではなく、クライアントに合わせたカウンセリングを行っています。

傾聴を基本としたセッションとなりますが堅苦しさはまったくありません。時に涙される方もいらっしゃいますが溜め込んでいた気持ちのデトックスと受け止めています。カウンセリング後は殆どの方がすっきりとしたお顔でお帰りになられます。

『手は外部の脳である（哲学者　カント）』の考え方から手相で気質を観る、必要な方に必要な情報提供、認知行動療法、簡単にできる心理テストを用いて対人間力を高めるため、狭くなりがちな思考を広げる効果が出ているとみています。クライアントに合わせた七変化カウンセリングとでも申しましょうか。また様々なサバイバーである自分は、当事者であり支援者にもなれる両者を行き来できる強みを持っています。

4　クライアントの笑顔は明日の活力

カウンセラーとしての喜びは、クライアントの笑い声が聞けた時です。また最初にお会いした時とは明らかに雰囲気が変わられた時、とても嬉しくなります。

「死にたい」と言っていた方が生き方を見つけようと動き出した時、食欲もなく不眠で今にも倒れてしまうんじゃないかという方が社会復帰をされた時、いろいろな場に出かけられ楽しかったとお話してくださる時、DVを受けていても「専業主婦だから」「子どものために我慢する」

と離婚に踏み切れないでいた方が、ご自身を大切にしたいと未来へ歩みだした時、ご自身の力で考えたり行動したり一人歩きを楽しむ姿が見受けられた時、まるで狭いところに押し込められていたかのように生活していた方が自分らしさを取り戻しイキイキとし始めた時など……。

結局はクライアント自身が思考や行動を変えない限り、カウンセラーがどう頑張っても現状は変えられません。すべての決定権はクライアントにあります。一番嬉しいのは、カウンセリングが必要なくなった時です。

5　二人三脚で成り立つ仕事

どんなに専門知識や人生経験があって資格を取得していても、クライアントの存在がなければカウンセリングは成立しません。また、クライアントが本音ではなく建て前ばかり話したり、プライドの鎧をつけたままでは時間とお金の無駄になります。実際にカウンセリングを受けていただいたクライアントの声をお読みください。

■私はカウンセリングを受けて自分の考えの癖や、どんな時に落ち込むかという事を先生と話をしながら少しずつ見つけることができました。今後も教えていただいたことを忘れずに日々の生活に活かし幸せに生きていきたいです。（宮城県在住　30代／女性　会社員）

■家族関係とこれからの生き方について悩んでいたのでカウンセリングを受けました。おかげ様で、自分らしさを大切にしようと前より気持ちを強く持つ事ができるようになったと思います。（福島県在住　30代／女性　会社員）
■何もかも上手くいかず考えても考えても答えが出せずにいました。手相も観てくださいますが、指示的なアドバイスではないので、肩の力がぬけ心が軽くなりました。（宮城県在住／40代　女性　経営者）
■信頼していた人との関係がこじれ、絶縁状態になったことからでした。パニックになっていた私の話を辛抱強く聞いてくれました。その中で私はゆっくりと回復、私の心に栄養を注いでくれたそんな時間だったような気がします。（愛知県在住　40代／女性　主婦）
■私は初め手相を観ていただき、今は認知療法を受けています。双極性障害と診断されてもカウンセリングを受けて安心しています。病気でなくても誰もが気軽にカウンセリングを受けセルフケアを学べればと強く思います。（宮城県在住　40代／女性　自営業）
■初めてお会いしたのに、ほんの数分で緊張もほぐれリラックス気分と笑ってばかりのセッションってあるんですね!?　お人柄？　雰囲気？　あったか～い日差しに包まれたような幸せな気持ち。ありがとうございました。感謝！　感謝！（宮城県在住　50代／女性　主婦）
私の仕事は、ご自身で心の扉を開いていただくために安心安全な空間の提供をする事と、お一人おひとり違う手相というカルテを観せていただきながら、その方の生まれ持った宝物

（気質）を使いこなすための方法やどうすれば自分らしく生きられるかを一緒に探し、もう一歩踏み出せないでいる方のお手伝いをさせていただくことです。

答えはクライアント自身がもっています。カウンセリングをした日はぐっすり眠れるように、そしてカウンセリングが終わった後は笑顔になれますように……。

ちなみに、インパクトがあって親しみやすいネーミング「桃色おかん」と称し、全国各地の癒しイベントに参加させていただいています。手相は大人だけではなく老若男女、0歳から90代の方々まで観させていただいています。実際にお子さんの気質をご相談される親御さんもいらっしゃる事から、カウンセリングの間口を広げ、敷居を下げ、どなたでもリピーターになっていただける心理手相カウンセリングは、需要があると感じています。

6　これからカウンセラーを目指す方へ

枠にはまることなく自分カラーで良いのだと思っています。私は興味がある事以外は右から左というより馬の耳に念仏状態、騙すより騙される人間です。さらに話を聞くのは苦手です。特に長い話は飽きてしまいます。いまだに家族や友達から「本当に人の話を聞かないよね！」と指摘されるほどです。

カウンセリングを始めた頃は一語一句、聴き洩らさないように肩に力を入れていましたが、元々暗記は苦手なので疲労困憊してしまいました。「このままでは気力も体力も続かない。どうしよう」と不安になったほどでした。そんな経験を重ねながら見つけ出したのが、聞かないで「聴く」方法でした。名付けて「流しそうめん色麺すくい上げ傾聴法（流れてくる色の付いたそうめんだけをヒョイっとすくうイメージ）」。話の全容ではなくポイントを押さえた傾聴を基本とした聴き方です。

敷居が高いと思われがちなのは、日本人にカウンセリングは馴染みがないからではないでしょうか。また上下関係の構図が見え隠れしているからなのかもしれません。

その点占いでは、初対面にも関わらずいきなり本題から入っていきます。敷居の設定は目的を果たしているわけです。すべての選択権はクライアントにあるので指示や断定はしません。「溺れる者は藁をもつかむ」状態のクライアントに対して、カウンセラーは何ができるか？

自分の役目と力量をしっかり持つ事が大切です。

お互いに良好な関係を保つためにもカウンセリングの詳細は事前にきちんとした説明が必要だと思います。承諾書などを取り交わしておくのは、お互いを守り、安心で安全さを約束するカウンセリングの契約書となるからです。

クライアントはカウンセラーを選べますが、カウンセラーはクライアントを選べません。感情の揺らぎがあるクライアントからは、八つ当たりとも受け取れる言動を受ける場合もあります。正直「まったく関係ない話だよね？　なんでこんな目に合うの？」と思う時があるかもしれません。さて「こんな目」とはどんな目でしょうか？　常に感謝されるだけの仕事ではありません。予測不可能な場面に多々遭遇するでしょう。カウンセラーを目指すあなたの目的は？　あなたはなぜカウンセラーになりたいのでしょうか？　迷った時は、原点に戻り考える事をお勧めいたします。

カウンセラーは時に「伴奏者（メロディーを奏でて歌わせる）」であり、「伴走者（一定の距離を保ちつつゴールまで一緒に走る）」なので、精神的体力が要求されます。またセルフケアが必要不可欠になります。自分にあったケアを身につけることは結果、クライアントのためになります。セルフケアはあなたがストレス解消できれば何でも良いのです。ちなみに私は、映画を観たりドライブ・旅行をしたり、自分を〝解放〟し、セルフケアしています。

カウンセリングの主役はカウンセラーではなくクライアントです。私の場合は専門用語は極力使わないようにしています。カウンセリングは学びの結果を披露する時間ではないのですから。

7　これからは、これからも……

みなさんは高熱が出た時、病院に行きますか？　それをまわりの人に隠しますか？　会社に休みをもらう時、病院に行く事は言いづらいですか？

もっと多くの方々が気軽にカウンセリングが受けられるような、何に関しても偏見や差別がない世の中になれば生きづらさは軽減されるでしょう。だからこそ、指示的ではなく支持的なカウンセラー知識を持つ仲間が増えるといいなと思います。

私が目指すのは「伴奏者」よりも「伴走者」。一定の距離を保ちつつ、ランナーが自分の力で走りきるまで一緒に走り続けたいと思っています。

最後に、私の人生の中で一番ひどい時期の記憶は、血族各自がＤＶや虐待を受けている場面のみで他の記憶はなく、その他はアルバムの中の写真、静止画で構成されています。血族からは虐待を受けましたが、本当に欲しかった温かな愛情は、学校の教師やアルバイト先の大人達が注いでくれました。

両者の相反する環境で過ごした私の人格形成期は、他者より多くの体験をさせていただけたと思います。彼らを許したわけではありませんが、今では私にとってすべての経験や感情がかけがえのない宝物となっています。機能不全家族で生きた日々は、長く負の感情として勝っていましたが、両親を亡くした今では感謝さえしています。この経験がなかったら、私は「心理手相カウンセラー」にはなっていなかったでしょう。出会ってくれたすべての皆さんと時間に感謝です。ありがとうございます。

〈履　歴〉
1967 年 9 月　茨城県生まれ　　1989 年 5 月　結婚
1990 年 3 月　出産、離婚、シングルマザーになる
1993 年 3 月　再婚　　1993 年 9 月　出産　　2006 年 10 月　卒業婚
〈資　格〉
医事メディカルクラーク
調剤薬局請求事務
一般社団法人グリーフケア協会　グリーフケアアドバイザー 1 級
一般社団法人終活カウンセラー協会　終活カウンセラー初級
NPO 法人レジリエンス　SAFER アソシエイト認定（＊注）
認定 NPO チャイルドファーストジャパン（CFJ）RIFCR 研修修了者
一般社団法人日本プロカウンセリング協会 心理カウンセラー 2 級、1 級受講済
FIT ファシリテーター、箱庭療法士
一般社団法人 HASTA 手相学研究所　　HASTA 手相認定カウンセラー
赤十字救急法救急員、赤十字幼児安全法支援員、赤十字健康生活支援講座支援員
（＊注）SAFER アソシエイト……将来的に性暴力や性虐待被害者の支援を行う際、知識や情報のレベルを示すひとつの基準
〈メディア実績〉
2011 年　6 月　NHK 福島、山形、新潟にて放送、復興イベント
『Waku up ！ Waku up ！ Waku up ！』南相馬市まちなか広場にて開催
2014 年 10 月　NHK おはよう日本 『特集：子どもの性の商品化』
〈活　動〉
心理手相カウンセラー
チャイルドラインふくしま正会員ボランティア
Wake up ！　実行委員会　実行委員長
トラウマについての講師（メンタルヘルス・セルフケア含む）
■ Ameba 『元納棺師　心理手相カウンセラー　桃色おかんの一言お小言』
■ https://ameblo.jp/ishizuka97
■ Facebook 『桃色おかん（アンジェリーナ）』『Wake up ！実行委員会』
■お問い合せ先：momoirookan1896@yahoo.co.jp

あの頃の自分を助けに行ってあげたい

渡辺里佳（夫婦問題カウンセラー）

1　プロフィール

25歳で結婚し、子ども二人をもうける。別居を経て36歳で離婚。２０１１年、52歳で、「離婚カウンセラー」資格を取得し、夫婦問題に特化したカウンセリングを行う。個人相談・夫婦ペアカウンセリング実績７００件以上。「ご相談者が幸せになること」を目標に、客観的・長期的・俯瞰的視点で、誠意と愛情をもってセッションしている。また、ライターとして30年以上活動。主婦向け雑誌や住宅専門誌、情報誌や会報誌などに執筆。最近は、夫婦問題カウンセラーとして、結婚・離婚・夫婦に関するコラム記事を発信している。

2 私が「夫婦問題カウンセラー」になった理由

結婚は25歳の時、当時は会社勤務のOLでした。結婚後に退職し、28歳で長男を出産したあと、フリーランスのライターになりました。結婚生活はうまくいかず、夫婦間でのトラブルが絶えず、未熟な私はなすべきことがわからず、一人悶々と悩み続ける日々が続きました。いま振り返るとこの頃が一番つらい時期だったかもしれません。

36歳で離婚しましたが、当時は、相談窓口も専門書も少なく、ネットもない時代の情報難民でした。子どもたちは6歳、2歳とまだ幼く、仕事と育児に追われながらの母子家庭となり、これからどうやって育てていったらいいのか途方に暮れて、ひとりメソメソ泣いていたことを思い出します。

離婚後は幸い、元夫の両親をはじめ、家族、友人たちが未熟な私をサポートしてくれました。大勢の心強い存在に恵まれたおかげで、仕事と子育てを続けることができました。

50歳を過ぎたある日、テレビで「離婚カウンセラー」という資格が存在することを知りました。普段はテレビの情報で心動くことなどなかったのですが、このときはなぜかピンときて、夫婦問題研究家、岡野あつこ先生が主催する代々木の「離婚カウンセラー養成スクール」に約半年通学し、NPO家族問題相談連盟が認定する「離婚カウンセラー」資格を取得しました。

これからの人生を考えたとき、夫婦関係や離婚問題に悩む人の力になりたい！　自分の別居、裁判離婚、シングルワーキングマザーの経験を活かし、人の役に立ちたい！　と強く思いました。

私が離婚を考えたとき、弁護士に相談したのですが、当時の風潮として、「離婚」といえば「弁護士さん」という考え方が一般的でした。無知な私は「カウンセラー」が存在することすら知りませんでした。

孤独で苦しかったあの頃、信頼できるカウンセラーが近くで寄り添ってくれたら、どんなに心強かったことでしょう。客観的な専門家からの視点でアドバイスを受けていたら、もっと冷静に自分を見つめ直し、心の整理ができていたと思うのです。

大人の都合で、子ども達を父親不在の家庭にしてしまったことへの申し訳なさと、助けてくれた人たちへの恩返しの気持ちも背中を後押ししました。

仕事と育児に追われるがむしゃらな日々が過ぎ、子どもたちが成人した頃には、「あの頃の自分を助けに行ってあげたい」と思えるほど、たくましく元気になっている自分がいました。

3　「幸せになること」を目標に、客観的・俯瞰的・長期的な視点でアドバイス

「夫婦問題カウンセラー」とは、文字通り、夫婦問題に特化したカウンセリングを行う仕事です。離婚に限らず、夫婦間の問題の相談にのり、傾聴を基本に、将来を見据え、客観的・

俯瞰的・長期的な視点でアドバイスを行ないます。対面・電話・メールの3種類に対応していますが、対面は、夫婦ご一緒の「夫婦ペアカウンセリング」も増えています。カウンセリングでは、離婚を強く勧めたり、修復（再構築）を押し付けるようなことはしません。まずはしっかりと傾聴し、共感することに重点をおき、その上で本質や問題点を探り出し、ご相談者の「幸せ」を第一に考え、アドバイスと情報を提供しています。悩んでいる時は冷静な判断力が失われがちで、とても苦しいのですが、まずは心の内を吐き出し、アウトプットしていただきたいと思います。

夫婦問題はプライベートな内容だけに「誰にも相談できない」と孤立しがちですが、八方塞がりと思われる状況でも、解決策は必ずあります。たった一度の人生を悔いなく生きるための具体的な方法をご相談者と一緒に探り、寄り添い伴走します。以前は、仲人さんや人生の先達のお世話役さんがいたことで、夫婦間の緩衝材のような役割を果たし、大きなトラブルを未然に防いでいました。いま夫婦問題カウンセラーが、そのような人たちに代わる存在となっているのかもしれません。

夫婦問題には、法律だけでは解決でないことがたくさんあります。むしろ法律が介入することで、かえってこじれてしまうことも多々あります。夫婦問題が持ち上がった際のメンタル面のケアサポートをするのが「カウンセラー」の仕事。法律面のサポートをするのが「弁護士」の仕事です。弁護士の前にカウンセラーに相談し「自分の心と向き合う」。そんな習慣が根付くことを願っています。

4　スピーディーに変化を遂げる「結婚観」「離婚観」

仕事を始めたばかりの頃、初めてお会いした方に名刺を差し出すと、「離婚カウンセラー」という資格名のせいか、「離婚を有利に進めるプロなのですか?」「別れさせ屋さんですか?」と聞かれることがありました。また、数年前までは、「何かあったらお世話になりますのでよろしくお願いします」と半分冗談混じりで話す方が多かったのですが、最近は「もう少し早く出会っていたらお世話になっていたのに……」、「○年前に離婚しました」など、すでに離婚組が多いことに驚かされます。

結婚・離婚に対する考え方も大きく変わりました。昔「成田離婚」という言葉がありましたが、「いきなり婚」、「契約婚」、「妊活離婚」、「老年離婚」、「ペット離婚」など、世相を反映するワードが次々に誕生するほど、結婚観・離婚観はスピーディーに変化を遂げています。

結婚間もない若年夫婦では、「性格の不一致」、「価値観の相違」を理由に夫婦げんかが絶えない、という相談内容が多く、妻からは、「関係を修復したいが、どうしたらいいかわからない」、「離婚か修復か迷っている」、「夫の不倫が許せない」、「離婚したいが、一人で子どもを育てていけるか不安」という声が多く寄せられます。夫からは、「妻がいつも不機嫌」、「家に帰りたくない」、「結婚生活を続ける自信がない」という声が目立っています。不妊治療や産後クライシスが原因で夫婦間の溝が深まり、コミュニケーションのとり方がわからず、モラハラやＤＶに発展したりするケースも少なくありません。

人生が長くなったことで、子ども独立後・定年後の過ごし方、介護の不安、熟年離婚など、熟年世代ならではの悩みも多くなりました。最高齢では83歳の女性からの離婚相談がありました。世代や地域性、家族構成、職種や勤務体制などの条件によって、悩みはそれぞれ異なります。ですが、多くの事例を見てきた経験から、夫婦問題には傾向があり、それぞれに見合った対処・対策があることがわかっています。

5　体験談・感謝の声が財産

「この仕事をしてよかった」と心から感じる瞬間は、セッションの終盤に、イキイキと輝く表情、明るい声に変化する様子が感じとれた時。人生の大切な局面に立ち会わせていただく喜びを強く感じています。

ご相談者お一人おひとりのことは鮮明に覚えています。そして体験談や感謝の声は私にとってとても大切な宝物となっています。

中でも、60代女性からの相談は、私にとって思い出深い内容でした。江ノ島近くのレストランで対面カウンセリングを2回行ったのですが、一回目の内容は、夫の浮気に関する悩みと心情吐露。そして2回目は「自立」がテーマでした。

初めてお目にかかった時、どこか控えめでおとなしそうな印象を受けたのですが、2度目にお会いした時の彼女は、何か心に秘めたような凛とした表情をしていました。こちらのケースは、夫の不倫問題でしたが、二人に離婚の意思はなく、夫の反省と謝罪もあり、修復に向けてスタートしていました。とはいうものの、情緒不安定ななか苦しい思いから抜け出せずにいたのでした。過去に引きずられ、マイナスなことばかり一人でグルグルと思い悩んでいたそうです。

2回目のカウンセリングでは、晴れやかな表情で、今とこれからについてうれしそうに話をしてくれました。セッションを終えるときに、「自分を大切にすることで、視野が広がり、夫の存在そのものに感謝できるようになりました」と笑顔で話す彼女を見て、私も心から嬉しく感じたものです。

カウンセリング後に感想をいただいたので、ご本人承諾の上でご紹介させていただきます。

〝カウンセリングを受けて本当に良かったと思います。もう少しで私は取り返しのつかない過ちをして後悔していたかもしれませんでした。私の友人に、好きだったのに離婚した方がいました。ボタンを掛け違えたまま、結局戻ることができなかったのです。私も夫が好きなのに、何かがずれてしまうと引きずったままで、元に戻ることができずに、イライラして嫌味をいう自分が惨めで苦しかったです。本当にありがとうございました。理解してくださったこと、嬉しかったです。これからは焦ることなく、自分の時間を持ち、楽しく生きてゆけるようになりたいと思います〟（原文のまま掲載）

カウンセラー冥利に尽きる、とても嬉しい文面でした。賢明な彼女は、これから自分がすべきことをすぐに悟りました。夫にフォーカスしすぎるのをやめ、自分軸で生きると決め、本来持っている知的で活力あふれる魅力を最大限活かすことにしたのです。彼女にとってのワクワクする世界とは、「カメラ」と「旅」でした。積極的に一人旅に出かけ、風景や自然を記録に残していくことにしたそうです。夫婦関係の再構築とともに、新たな世界を見出した彼女の生き方を心から応援したいと思いました。

人生が長くなったということは、結婚生活も長くなったということです。男性も女性もそれぞれ「自立すること」が必要不可欠な時代に突入したのだと改めて感じることのできたケースでした。

6　これからカウンセラーを目指す方へ

私の場合、資格をとったものの、取得直後はまったく仕事には結びつきませんでした。実績や知名度がないので当然ですが、覚悟はしていたもののやはり不安と戸惑いがありました。

金銭的な余裕もないため、無料で告知宣伝できるＳＮＳを利用しようと考え、アメブロ（アメーバブログ）をスタートさせました。右も左もわからない50の手習いといった感じです。

娘に教えてもらいながら、スクール時代に感じたことや結婚・夫婦に関することをブログに綴り発信し続けました。

そのブログを、女性専用の電話相談サイト「ボイスマルシェ」の創設者に見つけていただいたことで運が開きました。「夫婦関係・離婚カウンセラー」の相談員として登録し、活動を開始しました。このようなプラットフォームの存在は、フリーで仕事をする身にとってとてもありがたいことです。ですが、ここでも相談員として登録したからといって、簡単に予約が入るわけではありません。最初の1年間はほとんど予約が入らず、相談者からの評価や体験談をいただけるまでにかなり時間を有し、挫折しそうになったことも度々でした。

評価や感想は大事な宣伝材料です。「ボイスマルシェ」に寄せられる体験談が共感を呼び、少しずつ予約につながり、おかげさまで同カテゴリーの首位につくことができました。いまもTwitterやFacebook、Instagramといった無料で宣伝できるツールを活用し、コラムや体験談をシェアするなど、地道にコツコツと続けています。

心がけているのは、独りよがりにならず、お客様が何を求めているのか、相手の立場を常に考え続けること。そして何より重要なのが、自分を信じることです。離婚に悩んでいたとき、「カウンセラー」の存在を知っていれば、私は迷わず、門戸を叩いていたでしょう。あの時の自分のように、カウンセラーを必要としている人は必ずいます。そう信じて、ブレずに諦めずに継続することが大切なのだと思います。

7 円満夫婦を増やして、明るく平和な世の中に

周囲から「カウンセラーという仕事は大変でしょう」とよく聞かれます。確かに人生の重い課題ではありますが、ご相談者一人ひとりが「悩みを解決したい!」、「幸せになりたい!」と、生きることに真摯に対峙しているからでしょうか。一人ひとり真剣に向き合うことで、不思議なパワーが湧いてくるのです。

カウンセリングの経験を積むことで、私自身も刺激を受け、学びを得ながら少しずつ変化しているという実感があります。つくづく人は人によって育てられ、生かされるのだと感じています。

夫婦は、他人でありながらいちばん近しい関係です。そのため、つい相手に依存し期待し

てしまうのですが、不満がたまるといつか爆発します。男性と女性では脳のつくりが違い、思考回路が異なるために、喧嘩に発展してしまうこともよくあります。前もって男女の性差を知り、男女間に関する知識を得ていれば、ムダなけんかは軽減し、すれ違いはかなり防げるはずです。また、「正しさ」だけを追求しても、幸せは遠のいてしまいます。

過度な期待と依存は愚痴と不満となって、必ず自分に返ってきます。文句や愚痴を言いたい時は、パートナーにぶつけるのではなく、カウンセラーに吐き出すことでトラブルが減ります。離婚件数の軽減にもつながり、ひいては、平和で穏やかな世の中へと続きます。結婚生活は勝ち負けではありません。あるとすれば、「幸せになった者勝ち」といえるのではないでしょうか。

今後は、夫婦だけでなく、婚活中の方や離婚後のケアサポート、パートナーシップについても掘り下げていきたいと思います。そして、明るく平和な世の中に貢献できたら、こんなにうれしいことはありません。これからも同じ志を持つ仲間たちとともに、一人でも多くの人にハッピーな笑顔が届けられるよう、活動を続けていきたいと思います。

〈履　歴〉

1958年8月　東京生まれ

1984年4月　結婚

1995年5月　離婚、シングルワーキングマザーに

2011年9月　ＮＰＯ法人日本家族問題相談連盟認定「離婚カウンセラー」資格取得

2013年5月　電話相談サイト「ボイスマルシェ」に登録

2014年1月　カウンセラー紹介サイト「夫婦問題コンシェルジュ」に登録

2016年6月　日本プロカウンセリング協会認定「２級心理カウンセラー」資格取得

〈メディア実績〉

2016年　1月・6月　神奈川県藤沢市のラジオ局「レディオ湘南」出演

2016年10月　神奈川県綾瀬市「じゃおクラブ」にて講演

2017年　5月　神奈川県藤沢市「藤沢ビジネスフォーラム」にて講演

2017年10月　「湘南ペンクラブ」にて講演

2018年　2月　離婚準備支援協会会員登録

■オフィシャルサイト：https://www.ritan8822.com/

■ブログ「夫婦問題に悩み頑張りすぎているあなたへ」
https://ameblo.jp/wtnbrk8822/

★女性を応援するWebマガジン「ノーツマルシェ」にてコラム執筆

★Webマガジン「C.J.Woman」にて「夫婦問題カウンセラーの人生相談」執筆

★大人の女性向け情報メディア「WOMe(ウォミィ)」にて「夫婦問題 お悩み相談室」連載

お問い合せ・講演・執筆依頼　メール：ritan8822@me.com

真の自己に出会ってほしい

浦川孝雄（U理論 関係コンディショニングトレーナー）

1　プロフィール

山口県在住。化学メーカー勤務の傍ら、個人や組織の変容を促すマサチューセッツ工科大学発イノベーション理論「U理論」を用いて、人間関係に特化したコーチング・カウンセリングを行う。

また、各地でU理論コーチ養成講座、並びに、地元山口の中学校・高校・大学にて「自分の強みと思いを見出す講座」を開催している。関係性に関する問題を「自分は何者で、何を成す者か」という「真の自己」に出会うための扉の一つと捉え、人々が「真の自己」に出会い、「やらずにはいられない何か」を見出すサポートを行っている。

2　コーチ・カウンセラーになったきっかけ

コーチング・カウンセリングとの出合いは、社内で人事部に異動になり組織風土改革の取組みを担当する中で、会社の先輩から、「会社の図書室に、U理論という一風変わった本があるから読んでみたら」と紹介されたのがきっかけでした。「講座もあるみたいだよ」と言われ、どのような内容かもよく知らず、3年前の2014年の秋に東京で開催された「U理論のリーダーシップ講座」に参加しました。

2日間の講座では、リーダーとしての知識やスキルを学ぶつもりで参加したのですが、組織を変容させ動かしていくリーダーとしての自身の在り方を高めるために、カウンセリング的なサポートを受けながら、自分自身の深い内面を見つめるプログラムが用意されていました。

私は、そのような取組みに対する心の準備がまったく整っていなかったこともあり、自分でも気づいていない深い内面にある諦めや恐れを見出されることに最後まで抵抗しました。一日目の講座終了後、居残りとなり、懇親会の場で1時間以上にわたり、追加カウンセリングを受けることになりました。

途中、講師から「明日の講座の続きにはもう参加せず、このまま帰りな！」と突き放されてしまうほど、自身の内面を見つめることに心理的に抵抗しましたが、講師の真剣な関わりによって、最後には、深い内面に到達することができ、それまで目を背けてきた自分の一面に気づき、受け容れることができました。

その瞬間、「自分は何者で、人生を通して何を成したいのか」ということ、「自分もこのU理論を用いたカウンセリングによって、人々の真の強みと思いを見出す支援をしていきたい」と心の底から感じ、確信を持って捉えることができたのです。それがカウンセリングと私との初めての出合いでした。

それまでは、カウンセリングやコーチングについてほとんど何も知らない状態でしたが、多くのありがたいご縁が続き、気がつけば1年後にはコーチ養成講座開催資格を取得し、2年後には東京でのU理論コーチ養成講座の開催を皮切りに、東京、中国地方、九州地方にてコーチ養成講座や体験講座、また、(学校のキャリア支援プログラムの一環として) 地元山口の学校にて「真の強みと思いを見出す講座」を開催するようになりました。

3　真の自己との出会いを支援する仕事

主として人間関係に特化した関係コンディショニング・カウンセリングを行っています。そのカウンセリングの中では、クライアントの方々が、人間関係上の問題を通して、人の認知システムの限界を超えること、加えて、顕在意識と潜在意識の境界を超えることで、関係性悪化の根本原因に気づき、さらにその奥にある「自分は何者で、何を成す者か」という自分の強みと思いを見出すことを、U理論的な在り方と手法によって支援しています。

4　U理論とは

U理論は、マサチューセッツ工科大学のC・オットー・シャーマー上級講師によって提唱されました。組織や集団や個人を深い対話へと導くことで、深い変容を促し、非常に複雑性の高い問題の解決を図るためのイノベーション理論です。

U理論では、組織や集団や個人へ介入する際に、その介入が成功するかどうかは、「何を」「どのように」ということよりも、それを「何者として」行うか、ということにかかっていると捉えます。介入者の「在り方」と、その在り方を高めることに注目している点が、他の組織行動学理論と異なる特徴です。また、ただ単に机上で理論を展開するだけでなく、それを実行するための実践的なガイドラインを示している点もU理論の特徴といえます。

U理論は、日本ではまだあまり知られていませんが、世界では急速に認知が広まり、先進的な企業や組織、また日本の一部の企業や組織などで、各種プロジェクト遂行や組織風土改革の取組みに活用されています。マサチューセッツ工科大学のＵＬａｂが開催するオンライン講座（ｅｄｘが提供）には、世界中のコンサルタント、企業家、カウンセラー、コーチなど毎年数万人単位の人々が参加しています。

日本においてはＰＩＣＪ(Presencing Institute Community Japan)や他のグループにおいて、中土井 僚氏や筆者らによるＵ理論の講座が開催されています。

Ｕ理論では、人の意識レベルを、次の４つのレベルに区分しています。
①ダウンローディング：「過去の経験によって培われた枠組み」の内側で、自分の思考や意見などが再現され、自分の価値観や期待というフィルターを通してものごとを認知、評価、判断している状態。
②観る（Seeing）：頭の中で起きている雑念に意識を奪われず、目の前の事象、状況、情報に意識の矛先が向けられている状態。
③感じ取る（Sensing）：過去の経験によって培われた枠組みが崩壊し、枠組みを超えた側（他者など）から今の自分や状況が見えている。深い共感を持って他者の内側からものごとや他者のことを感じることができている状態。
④プレゼンシング：個人やチームや組織の次なる一手として画期的なアイデアや共感的な合意形成が生まれている。今までにない高いパフォーマンスを発揮できている。将来の最高の可能性の中からものごとを捉えることができ自身を通してその可能性を実現できる状態。
Ｕ理論では、通常、私たちはほとんどの時間を、意識レベルの①か②に留まっていると考え、

組織や集団や個人に深い変容を起こすには、意識レベルを③や④に移行させることが必要と謳っています。意識レベルの①から②、②から③、③から④の境界にはそれぞれの障壁があると捉え、その障壁を超えるための体系的実践的なアプローチ法を示しています。

意識レベル③（感じ取る）になると、相手の真の思いや感情をまざまざと感じとることができ、その人のことを深く理解し、共感を持って接することができます。

意識レベル④（プレゼンシング）になると、意識レベル③の状態に加え、今まで思いもしなかった斬新なアイデアや自身の深い思いが浮かび、それらが自分や自分達にも実現できると確信を持って感じることができます。強い確信と自信と共に、「やらずにはいられない」という感情に包まれるような状態です。また、講座やプレゼンテーションなどの場においては、これまでにないほどの高いパフォーマンスを発揮することができたりもします。

言葉で表現するのが難しい意識状態ですが、比較的わかりやすい例としては、スポーツの場面におけるフローやゾーンと呼ばれる状態は、皆さんの中にもこれまでに経験されたことがある方もいるのではないでしょうか。たとえば、テニスの試合において、非常に高いレベルで試合に集中でき、観客の声が消え、ボールの動きが普段よりもゆっくりと感じられ、普段では到底とれないボールを取り続けることができ、最後はスーパーショットがさく裂して、数段格上の相手に勝利できた試合における意識状態などです。

スポーツ以外にも、楽器の演奏や演劇などでも、観客と一体となり音楽を奏でたり、場面を演じたりなどが挙げられます。U理論ではそのような高いパフォーマンスを発揮している状態を意識レベル④と捉えます。U理論は、その意識レベルに到達することを再現性良く短時間で実施するための理論ともいえます。

また、別の表現をすると、U理論は、意識レベル③や④に到達するために、潜在意識領域の深い内面の自分自身との対話を行うための理論でもあります。自分自身にU理論の原則と実践手法を適用することで、自分自身の深い内面を見つめることができますし、他者に適用することで、他者が深い内面の自分自身と対話を行うことを支援することができます。

カウンセリングを学ばれている皆さんなら既におわかりのように、U理論はカウンセリングを実施するカウンセラー側が事前に自身を整える取組みや、また、クライアントの方に関わり、クライアントが自分自身と深く対話することを支援するカウンセリングの場に対して、非常に親和性の高い理論といえます。

U理論の概要を少しご紹介しましたが、言葉でお伝えすることには限界がありますので、ご興味ある方は、体験会や講座にご参加いただき、ぜひ皆さん自身でご体感ください。

5　充実と貢献、出会いと楽しみが広がる仕事

カウンセラーとしての喜びは、個人セッションやグループセッションにおいて、クライアントが深い気づきを得て、何とも言えない救われた感情や解放感に包まれる場面や、希望を手にされる場面に立ち合えることです。

U理論を用いたカウンセリングは、短時間でクライアントを潜在意識領域の深い内面での自身との対話に導くことが可能なため、前述のような場面に立ち合えることが多く、カウンセラーとしてとても充実感と貢献感を味わうことができます。

また、心と体は繋がっているのでしょう。セッション後に、「長年患っていた持病が治りました。あのセッションのおかげだと思います」というような報告を受けることがあります。心が癒されるだけでなく、身体にまで良い影響があるのかと、深く内面を見つめるカウンセリングというものに改めて可能性を感じる瞬間です。

以下はクライアントの声の一部です。

■思いきって「謝りたいことがある」とセッションで気付いたことを伝えてみました。そうしたら、うれしい返事が来ました。本当にこの数か月はなんだったんだろう……と思うぐらい、びっくりな展開です。本当にありがとうございます。

■自分の深い内面を見つめることができ、まったく思いもかけないものが出てきた。これま

での人生の多くのことが繋がった。自分の人生がシフトしたことをはっきりと感じる。
■これまで幾つものコーチングを受けてきましたが、初めて「本当の気づき」を経験しました。何なんでしょう、このクリア感！　いい仕事されてますね。ありがとうございました。
■すごく温かい幸せな感情に体中が満たされるような感覚になりました。すべての目に映るものに、ありがとう！　と素直に思えるような。

また、学校での講座の際は、生徒一人ひとりからの感想シートで喜びの声を聞けることや、時には親御さんからお礼のお手紙をいただくこともあり、子どもたちの将来に何らかの役に立てているという実感を得ることができます。以下は受講者、主催者の方、親御さんの声の一部です。

■自分の中の思いもしなかった「強み」を見出せて嬉しかった。それを伸ばしていきたいと思いました。たくさんのことが印象に残りました。とても良かったです。
■受講した学生たちに感想を聞いてみたところ、第一声に「すごく良かったです！」や「おもしろかったです！」と全員が口を揃えて言っていました。また「自分のことについても考えさせられる充実した講義だった」と、とても満足した様子で話しておりました。正直驚きました。素晴らしい講義をしていただき本当にありがとうございました。
■娘はかなり感銘を受けたようで、模造紙を買ってきて、真ん中に自分の夢、まわりにやるべき事を書き、必ず夢を達成すると得意げに話していました。ここ数日、少し娘の様子が変わってきましたので、お礼を込めてご連絡させていただきました。ありがとうございました。

さらに、各地での講座や講演に招待いただいた際は、いろいろな方に出会うことができ、短期間ですが、その方々と深く関わることができます。加えて、講演料と宿泊交通費も頂けるので、講座開催地の近くで旅行や地元の名物を楽しめることも少なくありません。

また、志を共にする多くの仲間との出会い、共に学び支え合えることも喜びの一つです。

カウンセリングというと、少し重い感じに聞こえることもあり、実際に重たくなる場合もあります。そのような中で、カウンセラーが真剣に真摯にカウンセリングに取り組むだけではなく、そこから少し離れ、軽やかに楽しみながら取り組んでいくことも、カウンセラーにとって、ひいてはクライアントや身近な人達にとっても大事なことだと感じています。

一方、カウンセラーとしての苦労は、自分の在り方や能力の不足によって、クライアントを適切に支援できない場合もあり、セッションを通じてクライアントと深く関わる分、良い形でセッションを終了できなかった際は、無力感や後悔の念に駆られることもあります。

6　これからカウンセラーを目指す人に

カウンセラー自身が、カウンセリングを受けることやセルフカウンセリングを実施すること、カウンセリングの実践を通して、自分自身の深い内面と真摯に継続的に向き合い、自分自身を知ること、自分の嫌いな面も赦して、受け容れてあげること、そして自分自身に優しくなれることが大事だと思います。

　私自身もまだまだ道半ばですが、カウンセリングの中でクライアントと向き合うことで、自分自身とも向き合っていることを日々感じています。そういう意味では、カウンセラーがクライアントを支援しているように見えて、私たちカウンセラーは、カウンセリングセッションを通して、クライアントと共に私たち自身を成長させ、より良い人生や世の中に向かって歩んでいるのかもしれません。

　これからカウンセラーを目指す皆さんには、そのような気持ちでクライアントの方々、そして自分自身に寄り添いながら、カウンセラーとしての充実と

貢献に満ちた素晴らしい道を歩んで欲しいと思います。

7　充実と貢献、そして出会いと楽しみの笑顔を広げていきたい

将来は、日本だけでなく世界各国でU理論コーチングやカウンセリングの講座を開催したいと思い、少しずつ準備を進めています。また、地元山口の中学校、高校、大学だけでなく、日本各地の学校で生徒を対象に「強みと思いを見出す講座」を開催したいと思っています。

そして、日本と世界の各地を訪問して、私自身も楽しみながら、より多くの人が自身の強みと思いに沿って、自分らしく世の中に貢献しながら生きることができるように支援をしていきたいと思います。

<履歴>

1973年　1月　長崎県佐世保市生まれ

1997年　4月　総合化学メーカー入社　これまでに研究開発・海外赴任・人事を経験

2015年　3月　マサチューセッツ工科大学U理論オンライン講座修了

2016年　1月　PICJ認定　U理論「関係コンディショニングトレーナー」資格取得

2016年12月　会社勤務の傍ら、副業としてコーチ・カウンセラー研修講師業を開始

<講座実績>

2017年　3月・6月・9月・12月
東京都内「U理論コーチ養成講座」開催

2017年　3月　山口県光市　山口大学附属光中学校
「強みと思いを見出す講座」開催

2017年　9月　山口県周南市　徳山高等学校
「強みと思いを見出す講座」開催

2017年10月　広島県広島市「U理論体験講座」開催

2017年10月　山口県山口市　山口大学
「強みと思いを見出す講座」開催

2017年11月　宮崎県宮崎市　宮崎県民講座
「U理論を用いた関係構築講座」開催

2018年 3 月　山口県光市　山口大学付属光中学校
「強みと思いを見出す講座」開催

■ブログ：http://blog.livedoor.jp/rctrainer/

■ Facebook：https://www.facebook.com/takao.urakawa.3

痛みを越えて

山﨑郁子（何度も生き返って来たカウンセラー）

1　2016年くも膜下出血の手術で生き返る！

2016年3月、くも膜下出血の手術を受けました。実は生まれてから8回目の手術!!!でも重病での手術は初めてでした。翌日にはICUを出て普通に歩けて、なんと後遺症はゼロでした！

幸い外傷性（2日前に転んで眉間に近い所をぶつけていた）だったようで、結果わずか20日の入院で退院しました。一年半の検査までまったくの異常なし。担当医にも「奇跡の人」と呼ばれています。

この本が出版される頃には2年の区切りがついて、無事に病院とは縁が切れている事でしょう……。

初めての手術は小学生の頃、そこから何度も病気や怪我などを経て、気がつけば8回の手術に30回を越える入院生活でした（汗）。それでも私は元気に生きています。これがちょっと普通でない私の大きな出来事です。小さい出来事はちょろちょろ……、あり過ぎてここでは割愛します。

そんな私がなぜカウンセリングに興味を持ったのか？　そこからお話ししてみたいと思います。

私は長く化粧品会社に勤めていました。デパートのいわゆる対面販売というものです。興味のない方もたくさんいらっしゃると思いますが、わざわざ定価の化粧品を買いに来られるのはなぜなのか？　それは話をしたい、話を聴いてもらいたいからです。

友達にも言えない、でも抱えてる「何か」を話すにはうってつけの場所だったのですね。5万人を越える方々の話を伺い、違うメーカーの方に「チーフ、また見えないカウンセラーの看板出てましたね」と言われるまでに。なので会社を辞めて独り立ちする機会に、以前から興味のある心理学を一から勉強しようと思い立ちました。

もっとちゃんとして皆さんのお話を聞きたいと、ずっと心の叫びに興味がありました。身体の怪我や病気とは違い、心はどうすれば回復するのかを……、それは私に鬱の経験がある事も関係していました。

2　鬱からも復活

私が鬱になったのは40歳頃。元々婦人科に持病があり、先生からも気をつけないと更年期が早く来るかもしれない、と言われていた頃です。

私も当時の夫も九州の出身。フルタイムで働き、責任者なので仕事も大変でした。出張も多く、一人息子の子育ても……、いわゆる九州男児の元夫はあてにならず、そんななか不倫をされていたのが発覚して気が狂いそうでした。

離婚して九州に帰りたいけど息子は4年生だったので、小学校は変わりたくないと言われ、親からは帰って来ないで我慢しろと言われ四面楚歌でした（汗）。

これだけオンパレードになるとどこにも逃げられない辛さから、なってしまいました「鬱」！結局4年半、薬を飲んで体重は増え続けました。過ぎてしまったことですが、あの頃の自分には「もっと手を抜いていろんな人に相談して」と言ってあげたいですね……。

鬱は特別なことではなく、誰でもなる可能性があります。しかし、治る事の方が多いので、今辛い方はカウンセラーに相談しながら、諦めないでください。

そういえばカウンセリングの勉強の中に、自分の人生を振り返る「ライフライン」というものがあります。ニュートラルがあり、それより上それより下、自分がどう生きてきたかの振り返りです。そこで初めて私の人生は始めがマイナスだった事に気がつきました。そしてマイナスから始まると、上がることが多いんだなとも学びました。だからこそいろんな事があまりダメージになってなかったと言うか。

私が生まれたのはクリスマスです。予定日は1月の末だったそうで……。どうしても私を産みたくなかった母親は、いろんな手段で私を生まれて来ないようにしたそうです。机の角にお腹をぶつけたり、冷たい川に浸かってみたり……、中絶費用がなかったらしいのです。最終的に当時薬局で売っていた睡眠薬を瓶ごと飲んで（いわゆる自殺をはかったのです）、気がついたらイキナリ産気づいて、結局私はこの世に生を受けたそうです。これまたクリスマスというのが私らしいというか、小さい頃に母親に聞いた話ですが、誰からも望まれずに生まれて来たからマイナスからの始まりです！　しかし、ライフラインを学んだことで、この出生の状況を肯定的に納得することができました。

あ、母は自分の言いたい事ばかり言う人で隠し事ができないんです（笑）。これを聞いたら、私がどんな気分になるかなんて、考えたことはなかったのですかね？　小さい頃私は母に、「生まれてきてごめんね」と繰り返し言っていた覚えがあります。

父は生まれて来たら自分にそっくりなのでまぁまぁ可愛がってくれました。ただし、気分の良い時だけでしたが……。元々船乗りで、1年のうち家に居るのはわずかでした。そして酒乱でした。

大人になってから、思い出しては心が痛んだ事もたくさんありましたし、何をやっても褒められないので、とても自己評価の低い人間に育ったなと思います。今、あの頃の私を思い切り褒めてあげたいと思うのです。

だからこそ心理学に興味があったんだなと……。カウンセリングの勉強をしていろんな気づきがありました。怪我や身体に負った軽い病気ならすっかり治るのに、心が弱ると大変だし外から見えないし、50歳を過ぎた今でも時々母親に言われた言葉で傷ついたりもしています。

何が効くのかというと、思いきり話す事。信頼している人に聴いてもらう事。これが本当に効くんです。私にも専属のように聴いてくれるカウンセラー仲間がいます。皆さんはどうでしょうか？

プロカウンセラーとは、聴くこと、伝えることなのです。

3　クライアントの方々の反応

私は通常のカウンセリングだけでなく、在職中に取った資格を活かして、ヘアメイクや人間関係を可視化して学ぶ行動心理学も教えたりしていますが、そんななかでもカウンセリングは役に立ちます。

「心理カウンセリング」というのはいろんなカウンセリングの元だなと思います。なぜかというとクライアントの方々の反応がどれも同じだということです。

「モヤモヤしていた事がなくなった」

「自分のことを初めてわかった気がする」

「本当の悩みに気がついた」

多くのクライアントの方は自分の事を理解する事から始まります。私もそうでしたが、自分がわかっていなかったために解決できなかったり伝え方を間違ったり……。そんなところから悩みが増えていくんですね。

恋愛も結婚も子育ても……、そしてメイクやファッションでも、まずは自分を知るという事、そして声に出す。独りでいる時も頭の中で考えるだけでなく、たとえば鏡に向かって声に出して話すと割と考えがまとまってきたりもします。

皆さん、話すだけ話すと、お出でになった時と打って変わり、とても良い笑顔になって帰られます。これは今までずっと共通の反応です。

気持ちが解き放たれると自然に表情も変わります。そしてその笑顔が見られると、こちらも元気になれるのです。心からの笑顔、一度でなる方もいらっしゃれば、何度かかかる方もいらしてその方の悩みの深さにもよります。

4　試してみませんか?

カウンセリングというとハードルが高いと感じる方も多いと思いますが、お試しもあります。なかには一度のお試しでスッキリして帰る方も多いものです。

ぜひともこの本を手に取ったご縁でカウンセリングデビューをしてみませんか?　友達と話すのとはひと味違う事を実感できると思います。いろんな形のカウンセリングがあります。自分に合ったカウンセラーと話すのは本当におすすめです。

一番大切な事は自分で決める。

カウンセラーの役目は、皆さんに寄り添って自分の気持ちを前面に出せるようにしていくことです。他人と過去は変えられないけれど、自分と未来は変えられます。

私も本当に変われました。そして何より、「自分を好きになる事」ができました。当たり前に思うことのすべて、自分の手や足や目や私自身が、自分のために動いていてくれたから、今があるんだと思うと、老い

て肥ってというそんな自分も愛おしくなってきます。人生悪い事ばかりではありません。

「ありがとう」の反対の言葉は何が知っていますか？　誰に聞いてもみんな即答できないのですが、その答えは……、「当たり前」です。いろんなことに「ありがとう」と思うと、人生初めて見えることもあります。

今苦しんでいる貴方も、昔苦しんだ私も、これから先がありますよね？　だけど独りじゃありませんよ。

この本を手に取ったということは、これから困った時に相談できる信頼の置ける、そんな仲間を見つけられるということです。

私もずいぶんと「苦しいのは私だけ」と思ったことがありましたが、独りじゃありませんから！

いつか全部が笑い話になりますように！

5　仕事について

メイクセラピーとも言われていますが、綺麗になって嫌な方はそういません。イベントなどの時間が短い時でもいろんなお話をしながらメイクを行います。肌の悩みだけではなく、お化粧が始まると、皆さんだんだんと饒舌になっていきます。

そんな中で子育てや夫の不満など、いろんな事を話していくんです。好きなアイドルの話からとにかく何でも！　本当にこちらも楽しくなる程にです。それが女性はもちろん男性もなんです。プロフィール撮影では男性の方も多いですしね。

他でも書きましたが、「話をする」という事で心はある程度軽くなります。また、自分の本当の気持ちがわかったり悩みを直視する事もできます。そして今までにない自分を発見する事で、ずいぶんと皆さん晴れやかな顔でお帰りになります。肌が綺麗になったり、自分の似合う色を見つけたり……、そして新しい自分と出逢った時、悩みが軽くなります。それがメイクセラピーです。だからリピーターも多くいらっしゃいます。

さてさて、私の肩書を見ると一見何の関係があるのだろうと思われがちですが、すべて今までの仕事に厚く肉付けをしたものです。ここが「何やってんの？」と聞かれて一言で言い表せないなぁと思うところですが（汗）、エスティローダー在職中に取った資格も会社を辞職してから取ったものも。メイクアップスペシャリストは、単なるお化粧をするだけでなく顔の輪郭を変えてみたり、目の大きさを変えたり、いわゆる顔の中の悩みを解決するものです。これは勉強させてくれた会社に感謝しています。仕上がりがまったく違うものになるからです。

メイクレッスンでは、「自分を知る」ということがとても大切なことです。カラーコーディネーターとしては、より綺麗に見えるためやイキイキとした顔色に見せるためです。自分の好きな色が似合うとは限りません。色の勉強をしてから私自身が結構目から鱗でした。何だか暗く見えるとか、顔色がくすんで見えるとか、そういう時はたいてい自分に合わない色を身にまとっている事が多いのです。ここでも「自分を知る」というのがポイントですね。

そして今トレーナーとして教えている行動心理学……、これは仕事場でのコミュニケーションやお客様との接客の要となります。販売だけが接客ではないですからね。人間関係が上手くいかなくては、社員の辞職などで仕事がはかどらなくなり、結果どんな職種も人員不足などの不調の原因になります。実際どの企業でもお金をかけて教育しても、減らないのが短期での辞職です。これはまさしく今の課題なのではないでしょうか?

コミュニケーション力をつける事で、仕事場での意思疎通も格段に違ってきます。それから割と多いのが自分を知らないという事です。自分を直視して相手を理解できれば、自ずから人間関係が変わっていくものです。ちなみに一番小さな接客業、それは「家庭」です。

今となってはあれだけ仕事では上手くやっていた人間関係を、どうして家庭にいかせなかったかと振り返る事もあります。もっと早くに心理学と出合っていたら、違う人生もあったのかなとも思います。それでも自分の決めた事なので、悔いはないですが反省はしています。

こうやってあらためて見てみると、仕事の中で共通する事は、カウンセラーもメイクもその他も、自分を知っていただくためのお手伝いなんではないかなと、そう思ってきました。

変えられるのは自分と未来だけですからね。選ぶ道を変えれば自然と未来も変わります。習慣になっている事でも気づいたら変えていけば未来は変わるんです。最近自分でもそう思える気づきがたくさんありました。

「もう○○歳だから」、そんな言葉に振り回されないで、いくつからでも勉強も何でもできます！　今日という日は、これからの人生で一番若い日です。これからの人生をより良くするためのスタートの日です！　私も毎日そう思っています。

だけど人間だから躓いたり、悩んだり、毎日がすべて幸せと思えない事も……、でもそれで良いんです。それが「生きている」という事です。

そしてそんな時にそばに寄り添うのがカウンセラーという存在です。

〈履　歴〉
1963 年　大分県生まれ
24 歳で結婚
2015 年に、結婚 27 年で離婚
27 歳でエスティローダーに再入社
藤沢に異動してからは市場を 4 倍に伸ばして、2000 年には日本一のチーフとして NY の本社で第 1 回ベストオブザベストで表彰される。

また藤沢を紹介するいろいろな媒体にも登場。

現在はヘアメイクもカウンセリングも何でも承る中、毎月個人事業主の方を対象にしてランチ会を主催。

「いくログ」と言われる幅広い情報網を保持。

赤い髪がトレードマーク。

la lumiere rouge 代表

〈資格取得〉
★ Behavior type® 代理店　オフィシャルトレーナー
★一般社団法人 日本プロカウンセリング協会 1 級心理カウンセラー
FIT ファシリテーター
★はらだ玄メークアップアカデミー　メイクアップスペシャリスト
★ TAHARA IMAGE SUTUDIO カラーコーディネーター

https://peraichi.com/landing_pages/view/lalumiererouge
http://always-you.net/yamasakiikuko/
問い合わせ：lalumiererouge777@gmail.com

お悩みをお宝に変える！

ふくはら里美（家族問題カウンセラー）

1　カウンセラーとしての変遷とその活動

このページを開いてくださりありがとうございます。私は家族の問題に関する相談に乗らせていただいて、かれこれ10年以上になります。はじめはお子さんの不登校に悩めるお母さんのお話をお聞きし、励ますことをしていました。特定非営利活動法人まちづくり川口で「不登校解笑マザー講座」や相談を受けたりもしました。現場でのお悩みに対処するため、さまざまな心理手法を学ぶうちに、家族問題という枠に広がりました。家族の問題や関係改善をしたい方、そのために自分の役割を考え、自らが変わりたいという意志のある方を強力にサポートしています。長年数々の心理セミナーやコミュニティの現場で観察してきた中で、特に有効で副作用のないノウハウを取り入れてます。その方に合った実践しやすい簡単なワークも提案し、タイムリーに質問に答え、迷いや不安を解消し相談者の望みの変化をサポートしています。

奥深い心理と本質的な法則に焦点を合わせた方法なので、必ずクライアントも明るい方を視ることができるようになります。その意識の継続、加速によって現状も自然と幸運な展開へとつながります。

平成27年2月からは、女性専用匿名電話相談の「ボイスマルシェ」にも所属しました。このシステムは、カウンセラーは相談を受ける時間を随時簡単に変更できます。相談者の方も相談の開始10分前まで予約を入れることが可能なので、双方にとって便利なシステムになっています。

2　悩みにはまり脱出した経験がライフワークに

①娘が不登校になったことから……

若い頃より冒険好きなタイプの私は、見ず知らずの人にたくさん助けられました。その度に人の情けのありがたさを感じ、「今度は私が人を助けられる人になりたい！」という思いになっていきました。しかし結婚で嫁ぎ先の家業と子育てとでいっぱいいっぱいになり、ささやかな募金ぐらいしかできない状態が続きました。ですから、「いつかはもっと人の人生を良くできる人になりたい！」と心密かに思っていました。また、幼い頃より事情の多い家庭のうえに母の長年の闘病生活で、窮地に立たされたことが何度もありました。ですがいつも「仕方がない」ではなく「何とかできないものか！」と思っていたので、奇跡的な展開や幸運を体験し、この世界の真理を求める気持ちも強くなっていました。深夜、精神世界の本を次々に読み、気がつくと朝になっていることもしばしばでした。

しかし家業の仕事と義母との同居で、朝から晩まで息つく暇もない環境で、嫁姑、夫婦の喧嘩が絶えず、子どもにいろいろな兆候が出ていました。親族や知人に相談したこともありましたが、恥を広げただけで関係が悪化してしまうことばかりでした。そのため身近な人に相談する気にはなれなくなっていました。本で知った「あるがままに受け入れる」とか「許せば癒される」などの考えに感情がついていかず、現実にどう向かい合ったらいいのかわからなかった葛藤で苦しんでいたあの頃が思い出されます。

そんなストレスの多い家庭であるにもかかわらず、娘達には中学受験の詰め込み勉強を大人たちの意向でやらせたのですから、今考えると不登校になって当然だったと思います。しかし当時は「社会に貢献できる人材に育てよう。そのためには自分達の家業が犠牲になるのは仕方がない」と考え、良いことをしているとしか思っていませんでした。やっと入れた進学校に娘が行かなくなった時は、怒りと不安が大きく、それまでの自負と自信がまったくなくなりました。

娘の学校にはスクールカウンセラーがいたので、親子で相談に行きました。それは私にとって「人生の悩みの相談にのる仕事があるんだ！」という新鮮な体験でした。ですが、カウンセリングの意味を理解していなかったこともあり、友達関係の仲裁を期待していた私達はボタンのかけ違いのような思いになり、数回で相談に行かなくなりました。私は出口のわからないトンネルをさまよっているような不安で安定剤を飲まずにいられなくなっていました。娘に隠れて解決策を探しまわっては「ああー！　こんな時どうしたら良いのだろう？　抜け出せるように導いてくれる人がいたらなぁ！」といつも思っていました。

ある日、以前より繋がりのあった社長さんに「感謝の言葉を何回も唱え続けたらいいことがありますよ！」と教えてもらい、不安な時ほど必死で唱え、薬を遠ざけることができました。その後一年半ほどで娘も学校に行くようになり、卒業も危ぶまれていたのに思っていた以上のレベルの大学に進学できました。予想以上の展開に不思議な言葉と思いのパワーを感じることができました。振り返ればそれまでの出来事は、カウンセラーというライフワークのために必要な流れだったのだと感じています。

「良かれと思って頑張っているのに、どうしたら良いかわからず、困っている母親のお役に立ちたい！」。この思いが、カウンセラーとしての私の出発点です。

②私の改善と変化

私は子どもの話を聴けない、いや聴くことの重要性も知らない人でした。義母と一緒の仕事場と家庭で、怒りの感情が溜まっていましたから、無理もない状況でした。今は人の話を聴く意味や弱音を吐きだす意味もわかるので、子どもの話もじっくり聴いてあげたいと思うのですが、配偶者や友達の方が良いようです。それも順調に巣立ったということでしょう。それぞれにやりたいことが元気にできていること、そして喧嘩が激減して穏やかに暮らせていることがとてもありがたいのです。

私は新しい物好きで、かなり我が強く勝気でしたから、保守的で家柄や学歴偏重の価値観でものを言う姑と、うまくやれるわけもなかったのです。それが環境の変化がにおこり、ほどほどに折り合ったり、捉え方を変えて調和を保てる心境になれたのは、心理学の学びなどで潜在意識の改善を心がけたおかげだと感じています。

3　今の時代に落ち入りやすい家族問題

①身近で複雑でも一番成長できる課題

家族問題は身近で、前の世代の封建的な考え方や執着も強く、世代間連鎖を感じてジレンマになっていたり、課題の分離（アドラー心理学の考え方）が難しくなり、悩みが深いことが多いです。また親子は一生続く切れない関係ですから、気づきも深くできると思います。

子どもが生まれると親は特別な研修もなしに、ぶっつけ本番でやらなければならないわけです。そして自分が育った頃と社会の環境や価値観も大きく変わっているので、親も多少失敗して学びながら成長していかなければなりません。

子育ての本も意見はいろいろで、現場で具体的にどうしたらいいかわからない親たちがいます。良い情報にたどり着くまでに問題が悪化してしまうこともあります。望ましいやり方がわかったとしても、すぐに今までの心の癖、習慣は変えづらいのです。社会の基礎である家庭がそれぞれ多少の悩みを抱えながら、やり過ごしているのが現状でしょう。

優しい人、おせっかいな親切タイプは特に心配が強まり、自分の責任のように思いすぎて、自分を責めたり、罪悪感を感じてしまいがちです。もちろん夫（父親）の関わり方や言動で良いバランスが取れているご家庭もあるのですが、子どもの問題の多くは夫婦や親族の問題が関係するのは否めないことです。父親と母親の息があっている家庭は幸いですが、それぞれの考え方、意見の違いがあって喧嘩になっている、もしくはどちらかが不本意に我慢しているという家庭は、夫婦関係の歪みから親子関係も変形していきます。そして、いずれ何かのきっかけで問題が表に出てきてしまうわけです。

人はたいがい、心の中では「自分は正しい」という前提の自動思考が働いているので、「自分と同じように考えない相手がおかしい、なぜわからないんだ」というふうに、前提の思考の認識はしづらいです。

そして親と子の課題の分離で言えば、子どもの勉強や志望校の選定、子ども同士のトラブルは子どもの課題であり、家庭の環境を整え我が子を信頼して、言葉かけはどのタイミングでどう言うのが望ましいかを考えるのは親の課題といえます。このように考えて、落ち着いて対応すれば、過保護や過干渉にならず、後々になって困ったり悩んだりすることも少なくなります。

②悩まされる問題は自分へのメッセージ

また、この世界の目には見えない法則の一つに、鏡の投影というのがあると感じでいます。時々、他者に「～すればいいのに！」と言っていて、内心では「これって自分にも言えることだわ！」なんて思うことありますよね。悩まされる問題は自分へのメッセージ、自分に言いたいことでもあるわけです。あまり自覚していなかったけれど、自分もどこかでやっているということですから、人を変えようとする前に、自分が変わったらいいわけです。

親の役割で子どもに注意しなければならない場面もありますが、子どもは親の後ろ姿をよく見ているので、自らが変わる姿勢がないと子どもにも響きません。相手を変えようとする前に自分のやり方を見直して、成長していくチャンスと捉えられたら、喧嘩やトラブルも激減します。そういう意味で多角的な視点で見るカウンセラーに相談したほうが、回り道が少なくなると思います。

③周りに気を使いすぎ、自分らしさを見失うと……

もう一つよくある問題に、日本人は他者に合わせすぎて、自分らしさがわからなくなるということです。子育ての本にも、「なぜあなたは……」という言い方は子どもを責めてしまうので、Ｉ（アイ）メッセージにした方が良いということがあります。これは他者とのコミュニケーションをとる時に全般にいえるポイントですが、「お母さんは〜のように考える」とか「お母さんは悲しい、嬉しい」などを頻発するのはいかがなものでしょうか。

これも使う頻度やバランスが大事だと思われます。特に優しい子や気の弱い子は親の期待に応えることばかりに気持ちがいって、後になって自分らしい人生を生きている気がしないという問題になりかねません。「良い子は怖い」といわれる背景には親や他者の承認を得るためだけに頑張ろうとし、人に振り回されやすく自己肯定感が育ちづらくなり、自己回復力も弱まるという事が統計学でわかってきました。ですから、お母さんの考えや気持ちを言う前に「あなたはどうしたいの？」と先に聞いてあげることが必要でしょう。

4　私のセッションとサポート内容

まずはお話を聴かせていただき、相談者の望む状態を明確にしながら、それに向かってできることを見つけていただけるようにお聴きしていきます。そして受けていただいた時間内に活力が湧いてくるようにしています。その過程でこだわっているネガティブな感情や思い込みがあれば、いくつかの効果的な手法で外したり薄めて、ご自身が解決に必要な展開がスムーズに進められるように、簡単なワークもお伝えします。

より明るい現実を築いていただくために、思考癖や問題パターンをポジティブな思考や行動へと積み重ねる時間も必要です。その実践がうまく続けられるようにメールやラインでやり取りし、毎日、毎週、毎月などのプランでご希望により習慣化のお手伝いもいたします。その期間中、提案したワークの理解を高め、意欲を継続していただけるように、厳選したわかりやすい本のご紹介もしています。

セッション時のツールの一つとして、西洋の交流分析と東洋の五行論を相似形としてつなげた10分位でできるライフカラーの分析も取り入れています。五角形のバランスから見てとれる、ストレスのかかりやすいところをお伝えし、何にこだわっているのか、思い込み等を見つけます。その時々の環境や役割の変化、心がけで、同じ質問でもバランスが変わります。連続セッションは、ご自分の今の傾向と変化を俯瞰していただけます。

初回から短時間で的を得たお話ができるように、もって生まれた個性、価値観や性格の傾向を理解するために数秘術を参考にしています。一人の相談者から一方的にお悩みをお聴きすることが多いので、トラブルの相手の方の生年月日もお聞きすると、なぜそのような悩みが起きやすいのか理解しやすくなります。また当事者の依存度合いや決断力の強さなど、いくつもわかることがあります。相談者の見解の一致を確認したうえで、お互いの感じ方の違いをご説明し、調和を保つ意識改善のやり方も提案します。

相談者の悩ましいネガティブなパターンを変えるのに、望ましいポジティブなものや、柔軟性を持たせられる思考を潜在意識にインプットし直す時、ネガティブな自動思考が「無理でしょ」「できっこない」「このままの方が楽だ」などの抵抗が出てくることがあります。たとえ理性で感情を抑え込むのは一時的にできたとしても、内なる感情は体と一体なので体に影響が出てしまいます。抵抗が強ければその想いと向かい合って、丁寧に観察、受容していくことも必要です。この観察をセッションでするか、マインドフルネス（瞑想）でするか、その方の選択でサポートいたします。

5　相談者の明るい変化が宝物

マインドフルネスのサポートプランを受けた方で、ストレスがたまると思わぬところでカッ！　となってしまい、近所でも気まずくなったり、夫から離婚を持ち出されて困っているというご相談でした。「子どものためにも離婚したくないから自分が変わりたい」と言われたので、いくつかの改善案を提案しました。まずは5分くらいから瞑想をやってみるということでしたので、世界的な精神的指導者のエックハルト・トール氏の本を読んでいただきながら隙間時間に瞑想していただきました。すると「怒りが湧いた時に自分を見つめるゆとりができて、以前ほどカッ！　としなくなった」というご報告をいただきました。始めて一週間もしないうちのことでした。

ネガティブな感情やトラウマをカウンセリングなどの言葉だけでなく、タッピングも取り入れています。感情が体に溜るツボをある手順でタッピングすると、ざわついたネガティブな感情がスーと消えていくことがあります。「それまでトラウマに思っていたこだわりがなくなり、どちらでもよくなった！」と、その場で体感していただけることが多く重宝しています。

以下は、日々数分でできる「感謝ワーク」「ポジティブワーク」をお伝えして、習慣的に明るい心を築いていただくことをサポートした事例です。

職場の上司からいつもいじめられているように感じて、どこも仕事が長続きせず鬱病歴もあり、行き詰まって、街行く人の目も怖いというお悩みを抱えていた方でした。毎日10分くらいのワークの報告をしていただくことで、人目が怖いということがなくなり、チームで進めなければならない仕事に復帰できました。厳しい指導をされても前向きに心を立て直し、職場で居場所ができるようになり、会話も楽しめるように変化されました。

6　これからカウンセラーになる人に伝えたいこと

①言葉の定義がずれないように

大切なのが言葉のイメージです。特に気をつけたいのが「愛」という言葉です。保護的な母親のような与える愛もあれば、成長を願っての厳しい父親的な愛もあります（うちはその逆だと思われる方もいるでしょうが、タイプや環境の違いもあるので、一般論としてご理解ください）。そしてエゴ（利己）的な愛もあれば、神、仏をイメージするような透明な愛もあります。同じ言葉を使っていても伝えたい内容はかなり違います。「努力」という言葉も人によって、辛いことをイメージする人や、やりがいをイメージする人がいるでしょう。

特にセッションやセミナーは言葉を使って提供するものなので、その人が使っている言葉のイメージや定義が相手とずれていると、せっかくの意図も伝わりません。他にも、「無意識」や「瞑想」という言葉もいろいろなところで使われていますが、それぞれの概念を要約した言葉になっていて、学んでいくうちに異なる次元のことや、別なやり方を同じ言葉で説明されていたと思うことがあるので、気をつけたいものです。

②自信がなくなったときに思い出すことは

以前の私は完璧思考が自動思考に出てきやすいために自信がなくなり、動けなくなることがありました。ですが「その時々でできることがあるはずだ」と思い直すようにしています。そしてそこから積み上げていく、目の前の人を大事にしていく、やはりこれが定石だと思います。

誰でも経験のないところから始めなければならないわけで、新人は手慣れていない分、一生懸命さ、真剣さがあれば良い援助になることがあると思います。そしていつまでも「まだ何か足りないのではないか？」という不安が出てきて、特に完璧思考や好奇心が強い人は追加で学びたくなることが多いと思います。

悩みや問題はいろいろなことが絡み合っているため、ひとつの療法だけでは弱いですし、常にアンテナを立てて学ぶ姿勢も大切です。ですが情報が溢れていて限りがないということがあります。ですから自分の中の気づきやアイデア、直観も磨いていく心がけ、外側に答えを求め過ぎないということが大事だと思います。

カウンセラーという仕事は持ち込まれた問題と真剣に向き合うことで、真理を探究し体得していくことができます。現実というあるがままを受け入れながら、意味を見出し成長をしていける素晴らしい仕事です。そして貢献感や充実感も感じやすい、とてもありがたい仕事だと思うのです。

<経歴>

1958年　山梨県生まれ、長年にわたる母親の看護で進学をあきらめる

1976年　日本橋の証券会社に勤務

1982年　明治大学２部文学部をアルバイトで学費と生活費を捻出して卒業

1985年　京都の呉服会社に勤務の傍ら茶道に励む

1989年　結婚にて茨城県で近江商人系譜の旧家に嫁ぎ、家業の切り盛りをしながら２人の娘の無理な教育ママとして娘が不登校に、そこから立ち直り、娘たちを念願の志望大学へ入学させる

2017年　千葉の南流山の駅前にカウンセリングルームを移設。都内、埼玉、千葉のカフェ等でも対面セッションを受けている。夫と二人暮らし　趣味はハーブ菜園

<資格取得>

2006年　真我カウンセラー１級取得

2009年　本物研究所認定　ライフカラートレーナー

2010年　日本メンタルヘルス協会認定　基礎カウンセラーコース卒業

2010年　GCS認定コーチから３年後プロフェッショナル・コーチに認定

2011年　旧ＮＰＯ法人ファミリーカウンセリング基礎、専門コース修了

2012年　フラクタル心理学上級卒業

2015年　２月から匿名電話相談サイト「ボイスマルシェ」の相談員として登録

2017年　一般社団法人日本ＴＦＴ協会認定ＴＦＴパートナー認定

2018年　日本ブリーフ（短期）セラピー協会会員

<メディア実績>

2015年９月３０日夕刊フジ「義理の親との同居」のテーマでカウンセラーとして意見を取材されました。

■オフィシャルサイト　https://www.fsatomi.com/

■メール：satomi679@yahoo.ne.jp

幸せの選択肢をふやすRe婚シェルジュ

ナカヤタエ（Re婚シェルジュ）

1　プロフィール

１９８１年東京都生まれ。埼玉県育ち。23歳で結婚し双子を出産、34歳で離婚。現在はシングルマザー。株式会社Ｂｏｎｈｅｕｒ代表取締役、一般社団法人離婚準備支援協会代表理事。

２０１５年８月に離婚を経験したことから、本事業の必要性を感じ、２０１６年11月に２社同時設立で創業に踏み切る。女性活躍支援を柱として、「Re婚相談所」「Ｌａ＃Ｂｏｎｈｅｕｒ」を創設し、ＳＮＳアプリの開発にも取り組んでいる。２０１７年11月22日には保育園で行うワークショップ型・面会交流支援事業「ボヌールシップ」を立ち上げる。

2　私がこの事業に踏み切ったわけ

Ｂｏｎｈｅｕｒ（ボヌール）はフランス語で幸せという意味です。「幸せを感じられる社会をめざして輝く女性を応援する」ことを理念に設立した女性活躍推進の会社です。第1のミッションは「女性を離婚のリスクから守ること」です。「離」ではなく「Re」と表記したRe婚相談所で結婚・離婚に関して「見直す・向き合う・改善する」という早期段階からの相談業務を行っています。

Re婚とは「結婚生活を見直し、幸せに向き合い向上・改善すること」です。

あくまで「幸せに焦点をあてて、後悔なく主体的で前向きな選択をすること」を意味するため、「離婚」や「復縁」はその過程であり選択肢の中の一つと捉えます。

それはリスクマネジメントの観点からいうと、離婚を既に決めてから相談に来ると、その時点では話が進み過ぎていて手遅れだったり、守ることが難しくなるからです。不和を意識した早期の段階であれば、できることの選択肢や可能性が増えるため後悔も減ります。「このまま結婚していて良いのか」。そう思ったら、離婚よりまずRe婚を考えることを勧めています。そして我慢したり、仕方なくではなく、心から幸せを感じて未来を描くお手伝いをします。

私がこの事業を行おうと思ったのには、私自身が結婚生活12年の間夫のモラハラに悩み、心の底から幸せを感じられずに過ごしていたという背景があります。「結婚したからには離婚はしない。どんな困難も乗り越えよう」と努力していたので、まさか離婚をするとは思ってもいませんでした。「夫は仕事が忙しいから仕方ない」と、結局は向き合うことから避けたり気づかないふりをして「素人一人の頭で考える知識や選択肢は狭かった」と今では思います。結婚10年を過ぎた頃に耐えられなくなり、子ども達にもいよいよ影響が出たことで、一念発起し離婚を決意しました。「結婚している」ということに固執している時、その環境から抜け出すのは容易ではありません。勇気を持って現実を見つめ直し「結婚している私」という考えから脱却し、「幸せ」に焦点をあてた時、何が必要か自ずと理解できたのです。

私のRe婚作業は「結婚」「離婚」ではなく、家族1人1人の「幸せ」について考えたことからスタートしました。決意から2か月であらゆる準備をして元夫に離婚を切り出し、5日間で辛く過酷な離婚の話し合いを終らせ、スピード円満離婚をしました。元夫にも想いは伝わり、今でも家族としては形を変え存続しています。

モラハラを乗り越えどのように私が円満離婚ができたかについては拙著『Re婚相談所／Re婚シェルジュ』（２０１６年 山中企画）に書かせていただきました。そこには結婚生活から離婚に至るまで、そして創業するまでの過程を書いております。

相談者にも切り出しや伝え方、考え方を話しますが、結局は自分や夫、子どものことを熟知しているのはご自身です。私は事例や考え方のヒントを伝えるだけで、いつしかご自身が主体的に選び取れるように変化し、考えがまとまっていきます。

「後悔」は選択した結果なのではなく、選択する過程にあります。同じ結果であっても、それを後悔するか、前向きに捉えるかは「人に決められた選択か、自ら選び取ったものか」「努力をしたうえで多くの選択肢から選んだか」によって違ってきます。相談者がひとりでは思いつかないような選択肢を伝え、主体的に選べるようお手伝いしています。

たとえば住まいひとつとっても選択肢は様々です。シェアハウスや1階部分の賃貸といった新しい住まい方もありますし、移住による支援制度もあります。気をつけなくてはいけないこととしては、ルームシェアに男性がいた場合、事実婚とみなされると児童扶養手当の要件から外れてしまうおそれもあることです。光熱費等の生計が別である事をしっかりと示す必要があります。

子どもが卒業するまで離婚はしたくないけれど早急に売らなくては……とか、大型犬がいて、そのまま住み続けたいなどといった場合、ローンの借り換えで自分名義にしなくても、条件次第では相場より安く売り、現金化したうえで、安く貸し戻してもらう方法も不可能ではありません。多少家賃が高くなったとしても数か月で引っ越すのも良いかもしれません。

3　不安な気持ちを前向きに明るく、心を軽くする場所

私は今でこそオフィスを役所近くに構え、皆さんに支えられ奔走していますが、いざ離婚となった時は、普段明るい私も泣きながら、拙い知識で必死に役所周辺を迷走していました。

離婚届けを取りに行く時、ひとり親の説明を聞きに行く時、年金事務所や公証役場へ向かう時、まるでこの世の終わりのように離婚という言葉が重くのしかかり、準備をする自分の姿がすごく哀しく思えました。でも子どものために、自分のために、夫のためにも前を向くように、夏の暑いなか涙を流しているのを悟られないように、サングラスをかけて歩きました。

その時「離婚相談所はあるようでないな」と思いました。わかったことは、離婚といえば弁護士で、行けばすべて揃うと思っていましたが、そうではなく、法律や権利に関することは万能でも、あれもこれもすべて相談できる場所ではないこと。そして、法律以外の「保険は？不動産はどうする？」など次々起こる疑問に対し、ローンは銀行に、税金は国税局に問い合わせたり、福祉は地域の役所に行ったりと、あちこち各専門をまわる必要があることを知りました。

実際には、経験者に聞いてまわり、情報を得るのが一番でした。ただでさえ大変なこの辛い作業を簡略化するためには、情報がワンストップで揃う場所が必要です。さらにその人の状況ごとの注意点や事例や方法、サービス、専門家を紹介してくれるコンシェルジュが必要なのです。そして、そこには離婚虎の巻のように経験者のノウハウが詰まっている……。「離婚」という言葉は重いので、気分が明るくなるような気軽な場所。それが私の当時描いた「Re婚相談所」と「Re婚シェルジュ」の原形です。

「女性の離婚リスクは大きいのに、必要な情報が少ない一方で、汎用的な情報が溢れ、取捨選択が難しい」。ならば離婚に関する情報が集約されている女性の総合プラットフォームを作ろうと思いました。そして、点と点で個々に存在する専門家やサービスと相談者を線で繋ぎ、未来に進むための場所を作りました。それが面を構築し立体的支援をする「Re婚シェルジュ」です。

4　Re婚シェルジュの仕事

女性の悩みは様々で「育児」や「不妊」「親」「借金」「夫婦関係」など根底には多岐に渡る問題があり、それらが積み重なり離婚に至ることがあります。Ｂｏｎｈｅｕｒが女性を幅広く支援をするのは、結婚や離婚は通過点に過ぎず、問題の根本解決には総合的で分野横断的な支援をする必要があるからです。そのようなことからRe婚シェルジュは、女性の総合プラットフォームにおいて、幅広いサービスを繋いでいく役割をします。

「Re婚シェルジュ」は、例えば「離婚よりも保育園を見つけて仕事復帰をする方が先」とか「夫より子どもの発達が気になる」ということであれば、保育園や発達アドバイザーを紹介します。

今でこそ離婚カウンセラーの存在を知っていても、当時はカウンセリングは敷居が高く、相談は不要だと思っていたので、当時の私のような人は、カウンセラーに行きつかないことも多いと思います。「せっかく素晴らしい専門家がいるのに行きつかないのはもったいない」「離婚という辛い時にこそ、もっと気軽にカウンセラーを頼って欲しい」。そんな想いからも気軽な窓口が必要だと確信しました。その大切な窓口業務を「Re婚シェルジュ」が担い、明るく迎えます。

実際に悩みに寄り添い、要望を叶えるコンシェルジュのような仕事もします。心と頭を整理して、今後の道筋を一緒に立てる管理マネージャーのような仕事もします。

具体的には、一度聞いた膨大な話を、専門家ごとに繰り返し説明する作業を省力化するために情報を整理し、わかりやすいカルテにまとめたり、各専門家へ相談するポイントを要約します。何を、どういう順序ですべきか整理して、その方にあった専門家に繋ぎます。書類集めの代行や、同行、スケジューリングなど秘書のような役割も果たします。

特に弁護士相談の同行が必要だと感じます。話しやすい女性弁護士の面談後でも、気丈な方が緊張で涙している姿を見ます。法律は時に厳しい現実を突きつけます。弁護士の前向きな発言も、冷たく聞こえてしまうこともあります。弁護士も、限られた時間で難しい話をしても、後でフォローする存在がいれば高度な法律知識も伝えやすいそうです。

また、中立公正な立場で支援することで、離婚の辛い時に判断力が弱っている場合の強い味方になります。離婚だけでなく様々な分野の知識と繋がりを必要とし、カウンセラーとしての要素を兼ね備え、さらに各法律に触れないように支援をするこの仕事は、難しい面もありますが、とても重要だと思っています。

5　苦楽を共にする喜び

私の一番の喜びは、最初は泣いていた方々が、会う度にキラキラ輝いていくことです。毎月の「円満Re活ランチ」も、暗い表情だった方が、皆でわいわい話しているうちに慣れていき、先輩となり、渦中でありながらも隣の方にアドバイスできるようになっていきます。私の目指す「支援される側から支援する側」への転身や、「支援されながら支援する様子」が見られるのが喜びです。その方の力を信じて寄り添えば、頼もしくなっていきます。

キラキラの空気はみるみる連鎖、伝播していきます。「今の自分が明日の誰かのためになること。既に隣の人のためになっていること」が自己肯定感を高め、辛い経験も昇華させていきます。目の前で泣いている方が輝いていく様子を想像すると嬉しくなります。

Ｂｏｎｈｅｕｒのクレド（信条）は目の前の一人の女性の可能性を尊重し、幸せと安心を感じられるサービスを作ることです。目の前の一人が一歩踏み出し、明るくなっていくことを手助けできる人、それが「Re婚シェルジュ」の資質です。何もせず動けなかった日常が、ひとつの行動で拓けていく。その方にしかできない、その方こその何かを模索すれば、生き生き輝いていける道が見つかります。結婚や離婚は通過点、人生は毎日続きます。だからこそ悪い時がもし来たとしてもすぐ対応できるように、明るい未来に向かえるように、「Re婚シェルジュ」は寄り添っていきたいと思います。

6 女性支援の醍醐味

Ｂｏｎｈｅｕｒの女性活躍支援は対象が広いので、どんなステージや環境、状況の女性の応援もできます。離婚後もシングルマザーへ食材配布をしているフードバンクの相談会で毎月会えたり、女性の幸せの祭典「ボヌールフェスタ」やランチ会などのイベントで会えることが継続支援のやり甲斐と醍醐味です。

フェスタではお世話になった専門家の方々へ近況報告をしている方や、まったく起業も考えていなかった方がいつしかやりたいことを見つけ、出展者としてデビューをしている姿がみられます。そしてその姿が、その日泣きながら相談に来る方の希望になるのです。しかも、出展デビューに何か賞をあげたいなと思っていたら、特別賞を用意するまでもなくご自身の努力で堂々受賞されました。1年前には思いもよらない展開に、無限の可能性を感じ私の方が目頭が熱くなりました。いろいろなドラマがあり、一緒に泣いて喜べることで人生が豊かになる仕事だと思いました。私の言葉を印刷して手帳に貼ってくださる方もいます。

7　未来の自分が輝くために、今私ができること

Ｂｏｎｈｅｕｒのコンセプトです。悩んでいる方には、なにか1つ動いてみてほしい。それがきっかけで幸せを感じられる主体的な毎日が訪れるかもしれない。今できることはなにか？　それを徹底的に模索し、応援していくのがRe婚シェルジュたちなのです。

8　あなたの経験を今悩んでいる人のために

一般社団法人離婚準備支援協会では、離婚経験者はRe活サポーターズとして登録を募集しています。差し障りない範囲でアンケートに答え、自分の経験を悩んでいる人のために使ったり、同じような状況の方が現れた時に経験談を語っていただくという会員です。さらにその中から毎年11月に「Re婚シェルジュ」オーディションを行う予定です。今すぐ「Re婚シェルジュ」とはいかないまでも、経験を活かし悩んでいる方のために寄り添う第一歩としてご登録くださると嬉しいです。

9　価値ある誇らしい資格に　女性の自立・新たな雇用の創出・働き方改革として

「Re婚シェルジュ」は困難な経験こそが貴重な宝となります。「Re婚シェルジュ」として品質を統一した上で個性をいかし、誇りをもって働ける資格にしたいと考えています。

労働人口の減少、非正規雇用の増大など、日本の雇用事情は激変しています。一度は専業主婦として家庭に入りつつ、離婚によって社会に出る、私のようなケースも多くなっています。「Re婚シェルジュ」がポピュラーになれば、まさにRe婚経験者（離婚経験だけでなく、改善の経験含む）にピッタリの仕事になります。育児中のワークライフバランスを調整するにも融通が利き、離婚後の収入に不安がある時、副業として空き時間に働ける新たな雇用の創出、働き方に繋がる資格になればと思っています。

私たちと一緒に「Re婚シェルジュ」の資格を作っていきたい方や、「Re婚シェルジュ」となり、Re婚相談所を運営してみたいという方は、ぜひご連絡いただければと思います。理念共有できる方とお会いできることを心待ちにしております。

10　可能性や選択肢を広げるボヌール・リボンをあなたと

Ｂｏｎｈｅｕｒには、活動を象徴するロゴがあります。光る粒をひと粒ずつ、それが知識だったり備えだったり「未来の自分が輝くために今できること」をして増やすと2方向の選択肢を表したリボンとなります。「結婚している自分」と「離婚もできる自分」。２つの選択肢から人生を選び取ることをイメージしたものです。その可能性を示す大きさは無限大に広がります。キラキラした女性が集まっていく形でもあります。

次のページに掲げた図は、私自身がやがてはこの方向に進んでいきたい、との決意を示したものです。粒の形は0の形でもあります。就職をせず主婦になった私は、ほぼ社会経験ゼロ（0）で専業主婦を経て、パートの状態から離婚し、数か月後に起業を志し、そこから約半年で2社を同時設立しました。起業を志してからパソコンを学び、アプリやSNSを作りたい一心で勉強し、1年程度でwebサイトの編集ができるようになりました。思い切って応募したデータ活用のコンテストでは最優秀賞をいただき、難しいと思っていたICT（情報通信技術）でしたがやれば私にもできるんだと自信につながりました。

その感動を伝えたくて、現在、一般女性や子ども向けのICTイベントを開催しています。起業の経緯や想いは先の拙著でも綴っておりますが、私のような一般の主婦でも可能性が拓けるということが等身大として励みになるよう「今私にできること」に日々挑戦しています。

ゼロから始めたこの事業を皆さんのお力を借りながら成長させ、その感謝として成果物は社会に還元していきたいと思っています。たくさんの輝く女性や幸せな夫婦・家族、Re婚シェルジュを増やしていきたいと願っています。ボヌール・リボンの連帯で可能性を広げる「オープンリボンイノベーション」を、皆様とともに創っていくことができたらこのうえなく幸せです。

0からインフィニティ∞へ　恩を社会に還元

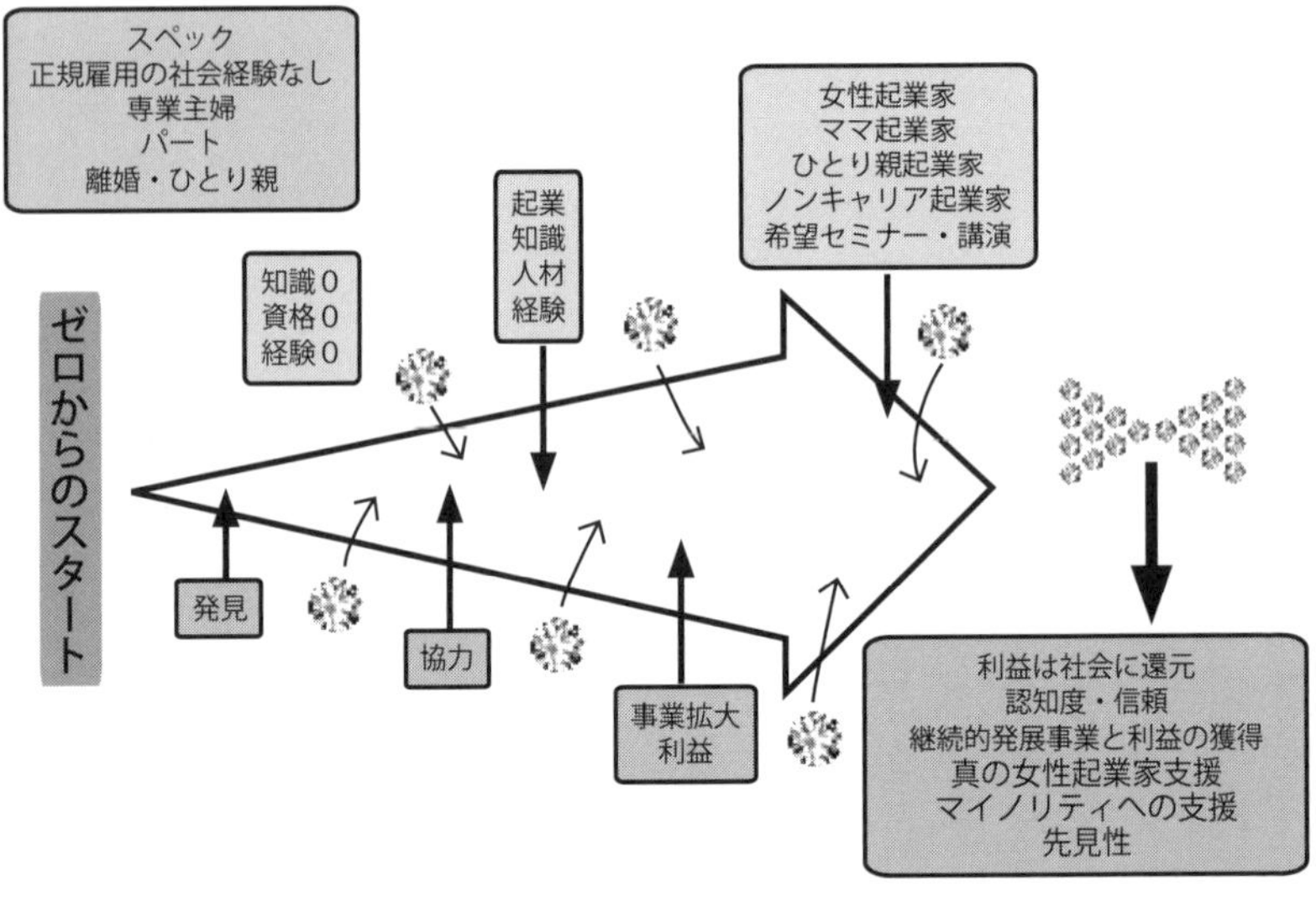

現　職：株式会社 Bonheur 代表取締役

　　　　一般社団法人離婚準備支援協会代表理事

資　格：宅地建物取引士、心理カウンセラー２級

★メディア：2016年11月22日発行　著書「Re婚相談所 /Re婚シェルジュ」

　女性活躍応援マガジン「ＢｏｎｈｅｕｒＭａｇａｚｉｎｅ」創刊

　2016年８月「ＡＮＹＬＩＦＥ」掲載

　https://www.any-times.com/blog/12136/

★講演：ツナ・カン社会塾「幸せな夫婦・家族をつくるために…今日帰ってできること！」

〈コンテスト実績〉

AWAKEN 主催　ゲノムアプリに特化したアイデアソン　チーム優勝

内閣府主催 RESAS × Japan Hackathon　ANTOR- ＪＡＰＡＮ賞

横浜市主催　オープンデータ活用ビジネスプランコンテスト

「横浜市経済局長賞（最優秀賞）」受賞

FUJITSU Cross Industry API Contest　ファイナリスト

ＬＯＤチャレンジ２０１７富士通ＬＯＤ４ＡＬＬ賞

■株式会社Ｂｏｎｈｅｕｒ　コーポレートサイト https://la-bonheur.co.jp/

■ワークショップ型面会交流事業

　ＢｏｎｈｅｕｒＳｈｉｐ（ボヌールシップ）https://la-bonheurco.jp/ship

■一般社団法人離婚準備支援協会　https://rikonjunbi.org/

■ U-18 こどもオープンデータ https://la-bonheur.co.jp/kodomoopendata/

■持続可能な夫婦をふやすＤＮＡマッチング Lovers

　https://la-bonhear.co.jp/lovers/

メール：info@la-bonheur.co.jp　TEL：050-3634-0829

もしもの時のおまもり LINE@PorteBonheur

辛さに寄り添い、しあわせを願って

的早克真（心理カウンセラー・心理セラピスト）

1　プロフィール

私は、明治学院大学で社会福祉を学び、東京・大田区にある大田病院で1995年から医療ソーシャルワーカー（MSW）として約10年勤務しました。

勤務先に精神科もあったことからこの時期にアルコール依存、ホームレス、DV、虐待被害者・加害者といった多くの人たちとの出会いがありました。そして、一人ひとりがとてつもない葛藤・ジレンマを抱え悩み・苦しんでいることを知りました。幸い信頼する精神科医との出合いもあり、その医師の指導や助言を受けながら支援・援助活動を経験しました。こうしたことから当時から精神・心理の世界に強く惹かれていました。

同時に、学生時代から関心のあった原爆被爆者支援の活動にも参加しました。大田病院が被爆者健康診断や医療に熱心であったこともあり、被爆者の相談・支援業務にも、被爆者相談所と連携しながら積極的に関わりました。

被爆者団体とのこうした縁もあって、全国の被爆者が原爆症の集団申請を始めるに当たり、2004年に誘いを受け、東京都原爆被爆者相談所に転職することになりました。

また、ちょうどこの頃、個人的には結婚、子どもに恵まれました。ですが、やがて別居・離婚、子どもとの別離、子どもの不登校を体験することになりました。

自分自身が、夫婦・家族そして子どもとの関係で悩み、精神的不安を抱えることになったのでした。そして、この体験がそれまでも関心を持っていた心理を、本格的に学ぶ発端となりました。

2 わが子から多くを学びカウンセラーに

病院のMSW時代は、虐待やDVの問題で、精神科医の指示・助言を受けて保健所、児童相談所、教員などの他職域の専門家との合同カンファレンスにも参加していました。ですが、カンファレンスによっては、いったい誰を、どう支援し援助していこうとしているのか、援助・支援の対象・方向性が今ひとつ納得できず、出席者の意見を聞いていても違和感があり、時には怒りを感じることもありました。その時に感じた疑問は、今でも鮮明に記憶しています。

この時に、現在のカウンセラーとしての視点があったのなら、状況を少しでも良い方向に変える意見が述べられたのではないかと思い起こします。

私的な部分では、夫婦で苦労し子どもを授かり、高齢での子どもだったため、父親としても溺愛していました。しかし逆に妻とのコミュニケーションがうまく取れなくなり、間もなく別居・離婚という道しか見い出せなくなりました。

元妻からの申し立てでしたが、子どもを争いに巻き込むのはしのびがたく、親権を含め元妻の要望通りの条件で離婚を承諾しました。まだ息子が就学前の時期でした。

息子は中学校入学後間もない時期から不登校を経験します。その原因は今だにはっきりしていません。別居の息子とは、まれにしか面会交流がなく、息子の微妙な心の問題への介入は、元妻からの依頼もあり、父子二人きりであっても話題にはしませんでした。

不登校は約2年間に及びました。元妻も対応を必死に考えていたと思います。この間に地方を転々としていました。夫婦間のコミュニケーションは取れなかったため、何を考えているのかはわかりませんでした。私は私で焦りながら可能な限りの対策を打ち続けてきました。しかし、親権を持たない親への対応はどこでもつれないものでした。

離婚後の親子の問題が日本では、これほど理不尽な状況であることを、体験して初めて知りました。

私の心の支えは息子の姿勢・態度でした。不登校であった期間も、決していじけたり、ふさぎ込んだりしている様子は見せず、強い意志を感じさせる表情をしていました。私の実弟との会話でも、「この子は何かジッと考えている」、「意思を持っている」とよく話していました。寡黙で口数は極めて少なくはあったのですが、一貫して息子を信じることができたのです。

2年間の不登校ののち、不登校専門校へ編入し、教員方のきめ細やかな援助と指導を得る中で、中3の7月に突然、理系の学校、高専へ行くと言い出しました。決断後は授業にも積極的に出席するようになり、短期間で急速に学力をつけ、見事に目標校の合格を果たしました。

率直に言って、この息子の踏ん張りと集中力が、私に気づきを与える最大の事件となりました。

当時学んでいたアドラー心理学の「優越性の追求」の実践を間近に見たように思え、強烈に感動したのです。

人は自分自身で目標を見つけたならば、それをやりきる素晴らしい力を発揮する。この体験によって、確信を持ちました。悩んでいる人のお手伝いをしていきたいと、ここを原点としてカウンセリングを学んでいく決意を固めました。

男性も女性も救えるネットワークを作り上げていくことをめざして……。

3　カウンセリング技術を活かしての相談活動

現在の私の日常的な業務は、原爆被爆者とそのご家族のご相談にのることです。被爆時、そしてそれからの記憶、被爆による影響がいつ出るかもしれないという恐怖、子や孫に影響が表れるのではないかという不安を常に持ちながら生きている被爆者の思い。体験した者でなければ理解できない、その悲しみ苦しみを受け止め、共有するというにはあまりにも想像を超えているのです。

広島や長崎の資料館の展示についても「とてもあんなものではなかった」と多くの被爆者がおっしゃいます。証言を聞いても体験集を読んでも、話すことができず、書くこともできなかったのだろうと想像できます。そのような想像を超えた体験を味わってきた方たちなのだという事実を偏見なく受け止め、その上でお話を伺うことが必要です。

8月が近づくと、当時の惨状や衝撃がフラッシュバックし、自分が見てきたことを語り続けられる人もいます。逆に被爆者手帳の申請や、原爆を原因とする疾患である事を証明するために、無意識の中に埋もれている当時の記憶を呼び覚まさなければならない場合もあります。

いずれも、ご本人の突然よみがえる恐怖の記憶、思い出したくない封印してきた事実の数々について、それに寄り添う姿勢を保ちつつ、一つひとつの記憶を呼び覚ましていく作業が必要であり、積極的傾聴が求められるのです。

4　相談の要望に応えるだけでなく

カウンセリングを学ぶ中で、自分自身明らかに変わってきたと自覚できることがあります。まず、自分の気持ちに余裕を持ってお話を聞くことができるようになったこと。そして、クライアントさんとお互いに理解し合っているのかをひと言ひと言確認し合いながらセッションを進めて行く事ができるようになりました。

もちろんご相談の要望のすべてに応えて差し上げることができるわけではありません。被爆者健康手帳（被爆者である事を証明する手帳）の申請を希望して相談に見えた方は、結局は被爆の事実を立証する決定的材料を見つけることができず、申請を断念しました。ご本人が見てきた物、体験した来たこと、そして辛さ、悲しさ、苦しさを粘り強く聞かせていただきました。結果的に願いは叶いませんでしたが、「すべての話を聞いてもらった、それだけで私の胸のつかえが取れました」とおっしゃってくださいました。

被爆者の抱えている思いへの寄り添いは、他の被災者、家族の突然死など衝撃的な体験をされてきた人たちにも共通するという思いが強くあります。

先日ある相談会で、医療事故で配偶者を突然亡くされた方のお話を伺いました。知人に相談すると「ひどすぎる」「訴えた方がよい」などと言われたり、慰めの言葉をかけてくれます。でも気持ちは晴れません。「そんな事を言ってほしくて話したのではない」。「そんなことを言われても夫は帰ってこない、辛いだけです」。そのうち人と話をするのが嫌になり、何年も家にこもってしまいました。これではいけないと思えるようになり、趣味の集まりに出かけるようになりました。「今日は何も言われないで、話を聞いてもらえただけでうれしかった、心のつかえがとれました」と涙されました。

思いを共有するのではなく、悲しみ苦しみを受け止めるのがカウンセラーの使命なのだとあらためて感じた瞬間でもありました。

5　子どもたちの幸せを求めて

私は、私自身が離婚し、子どもの学校行事への参加が自由にできなかったり、困難を抱えた子どもについて行政に相談するのにも制約があったり、親権を持たない親の方の相談には乗れないといった対応をこれまで受けてきました。日本の親権制度は単独親権制度がその根底にあります。

この日本の制度に疑問を持ち、同様な苦しみや、疑問を持つ親たちが作る「共同親権運動ネットワーク」に参加しています。親が離婚しても子どもは両方の親と仲良くありたい。これが素直な子どもの思いです。子どもが小さい時に充分にそばにいてやれなかったこと、「パパと遊びたい」と言う子の思いに応えてやれなかった、そんな自責の思いもあります。「子どもたちが幸せに育つこと」。これは親となった大人たちの共通する願いだと考えています。

しかし、夫婦間の葛藤が高まり、離婚にいたる場合、子どもの気持ちが置き去りにされてしまう。そのような事態が大変多いのが現実です。

昨日まで「パパ、パパ」と言って一緒に遊んでいた子どもがある日突然、妻に連れ去られ、訴訟では、父親による虐待があったと訴えられ、面会交流も認められない。といったケースも少なくありません（父母逆のケースもあります）。

単独親権制度の我が国においては、離婚し子どもと引き離され、争っている夫婦は互いに憎み合い、溝を深めていくばかりなのです。

夫婦問題や家族問題でカウンセラーに相談をしようとするのは圧倒的に女性が多いようです。男性の場合、なかなか問題が起こっていることさえ気がつかない、妻が機嫌が悪いなぁくらいにしか感じていないことが多いようです。

突然、妻から離婚を切り出されたり、子どもを連れて家出された場面に遭遇して初めて事態の深刻さに気づくという場合が多いのです。

男性は自分に悪いところがあるとは微塵も思っていないことが多いようです。となれば当然ながら、離婚を切りだされたり、子どもを連れて出ていった配偶者を責めるという思いに駆られてしまう傾向が多くなってしまいます

夫婦問題を何とかしたいと相談に行っても、最初から離婚を決意してはいない、あるいは可能であれば家族の修復を願っている場合もあります。ところが片方の側だけにたつ支援者・代理人が現れると、そちらの側の利害を優先させ、相手側への非難時には誹謗中傷やえん罪DVと言われる主張が行われ、子どもを地獄の苦しみに巻き込みながら延々と戦いが続いていくケースが少なくありません。そうなれば、その過程で子どもたちの健全な育成に大きな影響を与えるのは明らかです。

子どもたちの健全な育成のために、そんな悪しき葛藤は、最大限避ける努力をしなければなりません。

そのために、カウンセラーとしてどうアクションしていくのかが課題だろうと思います。

6　様々な技法を活用してのカウンセリングへ

子どもの親権・養育・監護権を巡って争いが始まると、相手側との勝敗を決することが争いの目的となります。そこには子どもたちの本当の声、心は顧みられていないのが実情だろうと考えられます。

男性に限らず、家庭の悩みを改めて人に相談するという行為を積極的にはしたがらないのが日本人の特徴であるように思えます。そのような中でどのように気軽に心を開いてもらえるのか？　さらにどうすれば男性のカウンセラーに相談しようと思ってくれるのでしょうか。

　カウンセリングを受けること自体がハードルが高いのであれば、もっと気軽にカウンセリングに触れられるような知恵が必要となります。

　様々な技法、種類がある心理療法にはクライアントさんが気軽に自分の気持ちの整理や癒やし、人間関係を知る事から始められるものもあります。

　たとえば私が活用しているものだけでも「ビヘイビアタイプ性格&コミュニケーション診断」、「箱庭療法」、「TCカラーセラピー」、「タロットカード」、「魅力心理学・ミロロンカード」、

「手相リーディング」などがあります。

最初から深刻な内容を相談をすることに抵抗がある場合は、まずは自分が興味のあるものを使って、自己分析・自己理解をしてみるのが良いのではないでしょうか。

箱庭療法やカード、カラーセラピーなどを受けていただくと「当たってる」「なんでわかるの」「童心に戻った」など率直に自身の感性とふれあった声が飛び出てきます。

また、「ビヘイビアタイプ性格&コミュニケーション診断」ではアプリを使って、相手との性格を当てはめてみます。ある人は二人のタイプが真逆である事がわかり、それを前提にして関係性が改善する対応を検討することができました。

7　多くの人がカウンセリングを学び、周囲の人たちに生きる力を

ニュースを見ていてもっとも心が痛むのは、子どもが被害者・加害者になる事件、虐待や無理心中、子殺し、自殺。生き抜くすべを知らない子どもたちが犠牲となる事件が多すぎることです。あくまで報道される範囲内でしか状況はわかりませんが、関わった人がせめてカウンセリングの基本を知っていればこんな結果にはならなかったのではないだろうかと感じることがよくあります。辛い思いをしていながら、結局子どもを救えないのです。一番辛いのは命を絶つしか救いを求める道を見いだせず、絶望の結論を選ぶしかなかった子どもたち

本人です。

「私たちに、何ができるのか」。こうしたニュースを見るたびに感じることです。どうしたら悩み苦しんでいる人たちから声をかけてもらえるのか。どこでそういう人たちに出会えるのか。知恵を絞らなければならないと思います。

私は機会があるたびに様々なイベントに参加しています。ミニ箱庭やカードを使って、ひとりでも多くの人にセラピー・カウンセリングを受ける楽しさを知ってもらいたいと願っています。

悩みを持つ大人や子どもたち。気軽に相談できるカウンセラーが全国どこにでも身の回りにいるのだと知ったなら、どれだけ多くの人が助かるでしょう？　家庭、家族、友人、職場、学校、多くの場で相談にのってくれるカウンセラーがいる、苦しみを抱えた人がいるとき近くにカウンセリングの専門知識を持っている人がいる、それだけで多くの人を救うことができると私は信じています。

私自身がそのような存在をめざし、さらに多くの仲間が増えていくことを願っています。

〈経　歴〉

1952年　9月　島根県松江市生まれ

1972年　　　　明治学院大学社会福祉学科入学

1980年　　　　城南福祉医療協会大田病院就職

1995年　5月　結婚、同日大田病院MSW就任

（この年1月　阪神淡路大震災､3月地下鉄サリン事件発生）

1999年12月　長男誕生

2006年　8月　別居

2008年　8月　離婚

2015年4月より共同親権運動ネットワーク（kネット）世話人

〈資　格〉

1999年　7月　介護支援専門員試験合格

2015年　5月　家族療法カウンセラー、チャイルドカウンセラー資格認定

（一般財団法人　日本能力開発推進協会）

2015年　6月　箱庭療法士資格認定（日本プロカウンセリング協会）

2015年12月　1級心理カウンセラー養成講座修了

（日本プロカウンセリング協会）

2017年　1月　魅力心理学プロセラピスト認定(魅力心理学協会)

2017年　1月　ビヘイビアタイプ®コミュニケーター資格認定

（日本プロカウンセリング協会）

2017年　3月　TCマスターカラーセラピスト修了認定

（株式会社トゥルーカラーズ）

2017年11月　開運未来流・手相リーディングアドバイザー養成講座

修了認定（一般社団法人アートセラピー協会）

2018年　4月　NLPマスタープラクティショナーコース修了

（日本コミュニケーショントレーナー協会）

ハワイに行ったら結婚できた！

幸田ユキ（メンタルコーチ）

1　プロフィール

結婚・離婚・子連れ再婚を経験した元アダルトチルドレンのメンタルコーチ（恋愛・婚活・パートナーシップ）。セルフコーチング歴40年以上。ぼっち・不倫・浮気・失恋・離婚など不幸な状況からでも一気に好転して幸せを掴む「恋愛コーチング」を行う。

傾聴と分析により真の望みとうまくいかない原因を洗い出し、斬新かつ抜本的な解決法を提案。クライアントの満足度97・5％。本質を突くコーチングに同業のコーチ・カウンセラーからも支持が厚い。もっとおもしろくなりたいと願う関西出身。

この「カウンセラー物語」では、メンタルコーチとなるきっかけとなった「再婚」についての作戦と経緯を、僭越ながら書かせていただきます。お読みいただけたら幸いです。

2　自己表現で世界が変わる！

1度目の結婚に失敗し離婚、結婚相談所での再婚にトライするも相手にされず惨敗。そんな「2児のバツイチシングルマザー」だった私が、２０１６年の3月に電撃再婚することができました。その時に「世界が変わる」という不思議な体験をしましたので、あなたにお話しようと思います。

幼い頃、実家の家庭環境の影響でアダルトチルドレンに育った私は、大人になっても、心にぽっかり穴が空いているような感覚がありました。いつもいつも、何をしても、誰といても、心の底では寂しいと感じていて、それを必死に埋めようと結婚したり男性と付き合ったりしていました。でも、振られたり別れたりするたびに、胸がえぐられるような思いがして辛かったのです。もうこの寂しさは生きている限りどうしようもないのだと諦めかけていました。

ところが、今のパートナーと出会い気持ちが通じ合ったとたんに、心がふわっと軽くなり、世界がパッと明るくなったのです。それまではずっと、私にとって「この世界は修行」でした。でもパートナーができた瞬間に「この世界はバカンス♡」になりました。１８０度変わったのです。それまでの寂しさが嘘のように消えて、毎日が楽しくてハッピーになりました。

あなたの1番身近にある「世界」とはなんでしょうか？　それは毎朝最初に顔を合わせる「家族(同じ家に住む人)」です。家庭が幸せならば、そこを通して見える世界はすべてバラ色です。

誰でも、1番身近な世界を変えれば、毎日をバカンスに変えることができるのです。そして、その世界を変えることができる秘訣が、実は自己表現なのです。

3　パートナーシップの〝秘訣〟は、ふたりの自由と主張を、お互いが尊重すること

1度目の結婚が失敗した原因のひとつに、私に決定的に足りなかったことがあります。それは「自分を知り、表現し、自分を満たすこと」。私は当時、自分のことは差し置いて、夫だけを必死に立てて応援していました。そうすると、応援された方は嬉しいので、夫からは喜ばれます。でも、その愛情の一方通行では、最初はいいけれど、結婚生活は長続きしないのです。自分で勝手に夫を応援しているのに、相手からも応援されることを期待してしまい、だんだんと不満が溜まってしまったのです。

良いパートナーシップを築くには、ふたりの自由と主張を、お互いが尊重することが本当に大切です。決して、相手だけを優先すればいいのではありません。今、私はパートナーシップで悩んでいる多くの方に、声を大にしてこの〝秘訣〟を伝えたいのです。

4　ハワイに行くためのマインドセット

私がこの〝秘訣〟に気づいたきっかけが、2015年に行ったハワイ旅行です。シングル

マザーだった私は、子ども2人を日本に残して、突然1人で1週間ハワイに遊びに行きました。しかもただの旅行ではなくて、ハワイでプロのフォトグラファーに写真を撮ってもらい、自分のオリジナル写真集を作ったのです。

当時、離婚してシングルマザーで、子ども2人との3人暮らしでした。子どもはその時、小学校高学年と保育園児でしたので、まだ2人で1週間お留守番なんてできません。でも、ハワイにどうしても私1人で行きたくなったのです。だけど、普通に常識的に考えたら行かないし行けません。

お金の面でも、当時仕事は無謀にもフリーランスで、自分なりに頑張ってはいましたが毎月赤字で、元夫からの養育費とあとは貯金を切り崩す、という状況で生活していました。もう海外旅行なんて自分とは別世界の出来事のように感じて諦めていました。

それに、もし金銭面でなんとかなったとしても、子どもを預けるところもないのです。実家とは仲が悪く、離婚した後も一切頼っていませんでした。それどころか、もう何年も連絡も取ってないし、下の子は私の両親のことさえ知らない、という状況でした。海外旅行に行くどころか、実家に子どもを預けて、数時間出かけることもしたことがなかったのです。

ハワイに行くことになったきっかけは、本当に些細なことでした。写真を撮ってくださったのが知り合いのＬｉｌｙ Ｗｉｓｔｅｒｉａさんというフォトグラファーの方なのですが

（今では作家としても活躍されています）、その方が「今度ハワイでプロフィール写真を撮影するツアーをする」、と何気なく話していたのを偶然聞いてしまったのです。

するとそれを聞いた瞬間に、行きたくて行きたくてしょうがなくなったのです。そのリリーさんの写真が本当に素敵で、以前から他の方を撮った写真を見て、憧れていたのです。いつか私も、そっち側の世界に行きたい！　と思っていたのです。それで、どうしても諦めきれず、どうにかしてハワイに行けないのかなと、無理矢理真剣に考えてみました。

まずはお金の問題。シングルマザーだけど、毎月赤字だけど「でもよく思い出して。教育費があるよ！」と（笑）。子どもの将来のために少しだけ貯めていたお金があったのです。このお金、もし今使ったとしても、それで事業が成功したらすぐに元が取れるかもよ？　とあえて超楽天的に考えてみました。ある意味投資だ、だから使っちゃえ！　と。それでお金の問題は無理矢理クリアにしました。

次に、子どもの預け先の問題です。1日なら仲の良いママ友さんにお願いしたことはあったけど、今度は1週間です。託児所なども長期はムリだし、シッター等は費用もいくらかかるかわかりません。でも、絶対に1人で行きたかったのです。現地で、子どもの世話から解放されて自由に行動したかったのです。

そこまで考えてふと思ったのは、きっと、私と両親の仲が悪かったから「これを機会に仲良くなりなさい」と神様（的な存在）が言っているのではないか？　ということでした。1週間ハワイに行くとなると、どこかに預けないとしょうがない。実家には今まで連絡もしてなかったけど、連絡して、子どもを預かってくださいって頼めばいいや、と思ったのです。両親も娘の私にはひどいけれど、孫には優しいはずだ。嫌いな親だけど、ハワイに行くためならしょうがない、と覚悟を決め、気まずい中なんとか連絡し、実家で預かってもらえることになりました。

その後は学校の問題がありました。実家に預けるとなったら、保育園は休ませるとしても、小学校はどうするのか。自宅に両親に来てもらうのは絶対に嫌でした。ハワイ旅行の日程は授業のある2月と決まっています。自分が旅行に行くからと小学校を休ませるのは、親としてどうかなと思ったのです。

でもよく考えたら、普通の家庭でもお父さんが土日仕事で平日しか休めないご家庭などは、家族でディズニーランドに行くから休む、みたいな子がいたのです。だから、今までほぼ無遅刻無欠席なのだから、うちの子だってちょっとくらい休んでもいいやん！　と無理矢理自分を納得させました（笑）。

でも、結局この話には衝撃の大どんでん返しがあります。実はハワイに行くのを密かに決めた後に（まだ子どもに言ってないのに）その小学生の子が、急にとある理由で学校に行かなくなり、結局その旅行の前後の期間は学校に行かなかったのです。私がハワイに行っても行かなくても、子どもは学校に行かなくて、結局どっちでも一緒だったのです。結果オーライ（？）だったのです。こんな結末があるんだなと驚きました（笑）（登校拒否はいじめ等の理由ではありませんのでご心配なく）。

5　ハワイに行ったら結婚できた！

そんなこんなで、問題をなんとか全部ひっくり返して、無理矢理クリアにして、ハワイに行きました！　スッキリした気持ちで参加したハワイ旅行は、もう楽しくて楽しくて！　本当に好き勝手に写真を撮っていただきました。木に登って「妖精みたいに」撮ってもらったり、アラフォーなのに思い切ってワイキキで初ビキニに挑戦したりしました。

そして帰国後、作った写真集をおもしろいからと、調子に乗って、会う人会う人いろんな人に見せびらかしていたのです。ちょうどその時期に、今のパートナーと知り合いました（私のブログでは、ペーターというニックネームで登場していますので、以下、ペーターと呼ばせていただきます）。

ペーターと初めて2人で話した日の夜、なんだか動悸がして熱が出ました。その時点では、ペーターのことを好きだという意識はなかったのですが、もう気になって気になってしかたがありませんでした。頭では納得してないけれど、あまりにも体調が反応しているので、もう冷静に理解しようとするのは諦めて、自分の野生の勘みたいなものを信じてみよう！　と決めたのです。

ペーターに出会って、とにかくペーターのことがすごく気に入ってしまった私は「ハワイにも行けたんだから、恋愛もうまくいくはず！」と変な自信がありました。いや、本当は自信なんてなかったけれど、オドオドしていても嫌われるだけ、自信のあるフリをしないとこの恋愛は絶対成功しない、ということは感じていました。なので、ハワイで盛り上がったテンションのまま、「もう絶対、この人を落としてやろう！」とわざとノリノリな勢いで、ロックオンしたのです（笑）。で、とりあえずハワイ写真集は見せているので、絶対印象には残っているはずだ。でもそれだけだと落とすには至らない。そこからどうしたらいいのか、を考えました。思いついたのは、当時の私の仕事がＳＮＳプランナーで、企業等をＰＲする仕事をしていたのですが、これを恋愛に使ってみよう！　ということです。そこから1ヶ月、ＳＮＳ上で、本腰を入れて恋愛ＰＲをやってみたのです。

当時私は大阪に住んでいたのですが、ペーターは東京の人で、たまたま仕事で大阪に来ている時に出会いました。月に1回くらいは大阪出張があったのですが、つき合ってもいないし、少なくとも1ヶ月は会えない。でもＳＮＳでは繋がっていたので、それをなんとか利用しようと思いました。

実は、私は1回目の結婚の時、経営者の妻だったのです。で、今回、ペーターも経営者（これは偶然ではなく完全に私の好みです）。なので、「元社長の嫁の心得」みたいなブログを急に始めて、社長の奥さま向けに「社長をこうやってサポートしたら売り上げあがるよ」とか「社長ってこんな生き物だからこんなふうに扱おうね」みたいな記事を書いたのです。完全にペーターに対するアピールです（笑）。本当はペーターだけに向けて書いているのだけど、それを本人のメールとかメッセンジャーに個人的に送りつけたら、ストーカーみたいで重すぎます。だからブログに書いて、誰でも読める状態にカモフラージュしていました。で、それをＦａｃｅｂｏｏｋでシェアしていたら、ペーター本人は、自分のためだけに書かれているとは気づかずに読んでくれて、「いいね！」を押してくれたのです。「わ！　まんまと食いついた！」作戦成功だとほくそ笑んでおりました。その後、仕事でも関われる機会があって（もちろんこれも作戦の内）、その打ち合わせをした時に「あのブログおもしろいよね！」とペーターに直接言われ、思わず心の中でガッツポーズしてしまいました。だってあのブログ、あなたに向けて書いてますから！　狙って書いているのでドンピシャでおもしろいはずなのです。

で、その勢いに乗って告白して、無事につき合うことになって、その後1ヶ月でプロポーズされて再婚しました。ここまでスピーディーに進んだのは、ブログでの刷り込み大作戦が大成功したからです。出会ってから告白するまでの1ヶ月の間、会って話せなかったけど、私はこんな人です、こんな性格です、こんな過去がありました、さらには、子育てはこんなこだわりを持ってやっていますとか、とにかく自分のPRポイントを山盛りテンコ盛りに盛り込んでSNS発信していました。写真もハワイで撮ったハッピーオーラ満載の写真をフル活用して、ポジティブイメージを刷り込み。そんなふうに、つき合う前に私のことを理解していてくれたから、つき合ってから再婚までがスピーディーに進んだのです。

気づけばいわゆる「自己表現」を、ペーターに好かれたい一心ではやっていましたが、ペーターの好みに合わそうとか、都合の悪いことは秘密にしようとかは、一切思っていませんでした。隠したらバレた時に嫌われるのではないかと怖かったのです。それよりも長所を主張して短所を目立たなくしようと思っていました。オーディションを受けているように、とにかく自己PR！　自己PR！　こんなにも自分のことを見つめて書いて発信したのは初めてでした。その結果、ここまで全部さらけ出したのを見てプロポーズしてくれるなら、本当に私のことをわかってくれていると、心の底から安心できたのです。ありのままの私を、受け入れてもらっている安心感がありました。

6　運命のパートナーの見つけ方

恋人ができない、良い人がいない、結婚できないというのは、実は、自分のことがわかっていない場合がほとんどです。まず自分がどんな人間かを理解して、そんな自分がどんな人が好きか、どんな恋愛をしてどんな結婚をして、どんな家庭を築きたいかを理解できたら、そこでやっと本当のパートナー探しができるのです。

私はハワイで本当の自分に気がつきました。私は、私を認めてもらいたかったのです。結局、自分が1番やりたいことや、1番褒めて欲しいことを理解して褒めてくれる人でないと、うまくはいかないのです。人には個性があります。個性をよく見極めずに、ただ単にお互い独身だからとか、なんとなく見た目が好みだからとつき合い始めても、すぐにドキドキしなくなるし、価値観も合わないので楽しくありません。

パートナーに理解してほしかったら、まず自分で自分を理解して、自己表現する必要があるのです。そうして初めて、パートナーはあなたのことが理解できるのです。まだ恋人がいない人は、これから会う運命のパートナーに見つけてもらうためにも、どんどん自己表現することが大切です。そうすれば、マッチした相手があなたを見つけてくれます。自分をちゃんと理解して、自己表現さえしておけば、理想のパートナーは勝手に近づいてきてくれて、スピーディーにプロポーズしてくれるのです。そう、世界は、一瞬で変わるのです。

7 「無印良人」のススメ

実は私は、恋愛コーチと名乗っていますが、コーチングスクールなどでコーチングの資格を取ってコーチングができるようになったのではありません。自分で意識しないうちに、ずっと自分で自然にやっていたことが、世間ではコーチングと呼ばれているものだ、とある時気づいたのです。ずっと1人で考えてやっていたことが、ある日、本に印刷されて書いてあるのを読んだときは感動でした。その時の素直な感想は「わ！気の合う人がいるんだ」でした(笑)。

コーチングに限らず、カウンセリングやセラピーなどは、人が自然に相手を思いやる過程で生まれるものであり、それに気づいた人がその方法を体系化しただけで、自然発生的に起こりうるものです。「思いやり」とも言い換えられるのではないでしょうか。決して、勉強したからとか資格を取った人にしかできない、というものではないのです。

もちろん、勉強することは素晴らしいことです。ですが、個人が持っている素質や経験が上回る場合も多々あります。これからカウンセラー・コーチを目指す方は、ぜひご自身の経験と内面から湧き上がる「思いやり」に自信を持ってもらいたいのです。悩んでいる人には、自分にはカウンセリングかコーチングのどちらが必要なのかなど、関係ないしわかりません。そうではなくて、ただ、そのクライアントさんと正面から向き合い、ベストを尽くす。その「思いやり」の化学変化でしかないと思うのです。

「自己表現で世界が変わる」と書きましたが、本当は、自己表現することで、偽りの自分を脱ぎ、本来の自分を取り戻し、自分に還るのです。世界が変わるのではなく、あなたが本当の自分に還るのです（それが、本人からしたら、世界が変わったように見えるだけです）。優しい世界は、もともとそこにあったのです。

答えはいつも自分の中にあります。私の中にも、そう、あなたの中にも。

メンタルコーチ（恋愛・婚活・パートナーシップ）
〈履 歴〉
１９７３年　兵庫県神戸市に生まれる
１９９６年　広告制作会社共同設立（大阪にて）
２０００年　結婚、プチセレブ時代
２０１１年　離婚と同時に失業、職を転々とする
２０１５年　ハワイ旅行、ペーターに出会う、メンタルコーチとなる
２０１６年　電撃子連れ再婚を果たす（東京に移転）
〈資格〉
保育士
日本ソーシャルリーダー協会・ソーシャルリーダー２級（現在は講師を担当）
メンタルヘルスアドバイザー
長谷川朋美コーチング講座ディプロマ取得
MOVE 公認コーチ
匿名電話相談サイト「ボイスマルシェ」公式カウンセラー登録
〈メディア実績〉
2015 年 8 月～ 2018 年 4 月　ラジオ番組「恋愛コーチング」
パーソナリティ（ゆめのたね放送局）
2016 年 7 月　UCHIDA TV（AbemaTV）ゲスト出演
2016 年 8 月　「サンクチュアリ出版」主催恋愛セミナーにて講演
■ホームページ「恋愛コーチング .jp」　https://lovecoaching.jp
■匿名電話相談サイト「ボイスマルシェ」カウンセラー紹介ページ
https://www.voicemarche.jp/advisers/797
★お問い合わせ・講演／執筆ご依頼　メール：info@yukik.me

終活カウンセラーとして自分らしく輝いて生きる

村田きょうこ（終活カウンセラー）

1　著者プロフィール

代々続く三世代同居の封建的な家の長女として生まれる。大学時代、思いがけず入院生活を送り、卒業論文で中世文学における無常観・死生観を考察。卒業後は旭化成ホームズ株式会社に入社。士業窓口業務を含む、住宅ローン担当に配属される。その後不動産部門に異動し、不動産売買の事務に従事する。結婚後は当時の慣例に従い寿退社。同時に実家の祖母が病に倒れる。介護保険制度以前の時代で、亡くなるまでの半年間、毎日往復3時間かけ、家族だけの介護を経験する。子育て生活に入った頃、不動産業者による相続対策を受け、実家がアパートを建築。父から入居を勧められ、私の意志を無視し、夫が了承。夫は子育てから逃げるため、父はアパートの雑用を私に押しつけるためだった。実際には、祖父からの相続により相続税が発生し、アパート売却を余儀なくされ、数年で部屋を追い出される。

紆余曲折を経て、人生の後半こそ私らしく心豊かに暮らしたいと、整理術・相続の学びを経て、50代で終活カウンセラーとなる。相続情報を中心としたブログは、開始後約半年で日本ブログ村「遺言・相続・遺品」カテゴリーの首位につく。個別相談では、人生観・価値観を重視し、実務中心の提案とのズレを事前に解消。方向性を見極める過程を経て、実務者への的確な橋渡しができている。女性が気軽に参加できる相続講座を実現し、終活カウンセラーとして発展途上真っ最中。

2 終活カウンセラーへの道のり

「終活」と聞いて、単純に終焉活動だと思っている人がいたら、頭の中を入れ替えてください。私が終活を学んだのは、たった一度の人生を自分でデザインし、最期まで自分らしく生きたいからでした。私たちは現実社会の生活者である以上、越えるべき現実の山が存在します。人生の半ばまで、進学・仕事選び・結婚など、いくつもの山を越えてきました。後半で出てくる山が親の高齢問題です。40～60代は、上の世代・下の世代を抱え、家族の問題は、すべてこの世代にやってきます。いくつかの学びを経て、私が「終活カウンセラー」にたどり着いたのは、その現実問題を踏まえて、人生を考えられる場所だったからです。

私の人生に、子育てははずせません。小学校の保護者でいた期間は、連続16年間と長きに渡りました。そして第一子が私どもの元を巣立つころ、子育て用だった家の中の環境を変えようと片づけを学び、資格を取得しました。整理術で心の整理が進むにつれ、片づけはとても大切なことではあるけれど、その家を相続で失ってしまったら、何にもならないのではないか、という想いが次第に強くなります。相続の無料講座に参加したものの、その限界を感じます。私の実家は、業者の言いなりで、私の家族も巻き込まれました。同じ過ちはしたくないと、相続について体系的に勉強することを決意します。

この時、背中を押してくれたのは、ハウスメーカー時代の経験でした。各営業所から集まる戸籍謄本※・土地や建物の謄本を扱い、住宅ローンや団体信用生命保険の申込み、登記・不動産関係の専門用語を知っていたことで、相続資格に挑戦する勇気を持てたのです。同期社員の中で、たった一人しか配属のなかった部署を経験できたことに、心から感謝しました。

そしてこの時、自分の役割をはっきりと自覚します。士業による相談窓口が常識である相続の分野で、カウンセラーの相談窓口を確立していこうと決めたのです。資格を取得すると、すぐにブログを開設し、一般の人にもわかる言葉で、想いをのせて情報発信を始めました。やがて人生の終焉を考えることによる自己への気づきの深さを知り、これこそが必要な視点であり、土台となる概念であると、終活の学びに入りました。相続から終活へと幅を広げ、

※コンピューター管理となった現在の形式のものは、戸籍謄本を戸籍全部事項証明書、不動産の登記簿謄本を登記事項証明書と呼びます。

より深く人生や人の幸せについて追求し、終活を広めています。

3　家族ほど難しいものはありません!

講座・イベントの折に、「相続」のイメージをアンケート調査していますが、「資産家の財産争い」といったドラマの印象が強いようです。確かに財産目当てがゼロとは言いませんが、真の姿はもっと繊細なものです。人は誰しも「自分を認めて欲しい」という承認の欲求があります。「上の子・下の子」「気が強い・従順」など、きょうだいの間には、無意識のうちにも力関係が存在するものですが、「自分さえ我慢すれば」と従ってきた子が、相続で法的な平等意識に目覚め、一気に力関係の巻き返しに出ることがあるのです。単なる財産争いではなく、自分の存在価値に直結しています。

また親が亡くなる前の医療や介護の選択において意見が対立し、ここで不仲になることもよくあります。どの子も精一杯考えての主張ですし、家族だからこそ起こる揉め事だと言えます。

親子はタテの関係ですが、きょうだいは、親の愛情を分け合うヨコの関係です。学歴、結婚・離婚の有無、子どもの有無、社会的地位、経済力……実家家族の歴史の中で、ライバルであるきょうだいは、複雑に感情を揺らす存在です。親は、子ども同士が対立すると思いたくありませんが、相続では隠れていた感情まで噴き出します。大人になれば、それぞれ事情が異なり、簡単に意見がまとまるとは限りません。結婚していればなおさらです。夫婦は運命共同体である以上、一切関心を持つな、というのは無理があり、中には陰で、相続時の配偶者を操る強者もいます。

近年は、実家の後始末や墓守の押し付け合いなども起こっており、トラブルのタネはたくさん存在しています。したがって相続は、親子・きょうだい・夫婦、それぞれの関係が絡み合う、家族の問題なのです。

そもそも家族を亡くしたから相続が発生するのであり、感情を抜きにした実務の専門家の存在だけでは、相続人へのサポートは十分とは言えないはずです。心に寄り添う終活カウンセラーの存在を、多くの人に知っていただき、辛いことを一人抱え込まず、相談していただきたいと思っています。

4　変わりゆく時代に自覚しておきたいこと

家族の姿は、私の生まれた昭和時代とは大きく変わりました。今はＳＮＳ上の伝達で済んでしまい、用件は伝わっても、コミュニケーションという意味では、家族が顔を合わせて話す機会は減っている気がします。離婚は珍しい事ではなく、家族の形も多様化しました。両親が同じでもトラブルは起きるのですから、離婚・再婚などを経験した親と子は、事前に将来に備える方が賢明です。子のない夫婦やおひとり様……当然誰にでもリスクはあり、また、葬儀や墓問題など、超高齢社会の今、終活の必要性はますます高まっています。

そして終活は、将来のためにではなく、今の自分に俯瞰力をもたらしてくれます。先人たちが経験した現実が、私たちに、考えるべき事を教えてくれるのです。例えば「二世帯住宅」。両親から子育てを助けて貰える、親の老後の世話がしやすい、と思って選びますが、「嫁・姑問題が悪化した」「親が施設に入る時に自宅売却ができない」など、先を歩んだ人から、そのリスクを教えてもらえるのです。何事においても「今から将来」と「将来から今」の両方の視点を待つことが、より納得のできる選択につながります。

また時代により、社会の制度も人の意識も変わります。親が、上の代を見送った経験は、必ずしも次世代に活かせるとは限りません。「終活」という言葉ができて以降、タブーだった事柄についても堂々と話ができるようになりました。ただし、いまの自分の存在が永遠でないことを認める終活には、拒絶反応を示す人もいます。それに向き合えない人は、終活には取り組めないのです。私はいつも、終活で一番大事なのは、知識・情報よりも「素直さ」だとお伝えしています。

5 「相談業」として活動しています

終活カウンセラーは、実に多種多様です。得意分野も資格の活かし方も、それぞれ異なります。たとえば、葬儀社・仏具店・石材店などでは、会館設備や店舗スペースを利用し、イベントや講座を開催して、学んだことを役立てています。終活サイトの立ち上げのためにウェブ系の人が来たり、患者・お客様とのコミュニケーションを図るために看護師・遺影カメラマンがやってきます。他に、老人会のボランティア活動のため、主婦が家族の介護や自分の終活のためにと、それぞれの目的で、終活資格を取得しています。

私は、独立系の終活カウンセラーとして活動し、有料の個別相談や講座を行っています。私が実家の相続で悩んだ時、数人の専門家が入ったものの、相談できる人は1人もいませんでした。人はどん底に落ちると、真っ先に「自分を分かってくれる存在」を必要とします。専門家の提案にセカンドオピニオンが欲しいこともあります。現時点では少数派になりますが、自分の実体験を活かし、こんな相談先がほしかったという形を仕事にしています。

個別相談の相談者は、あらかじめネットで情報を得て、あるいは直接会ったときの印象で、この人だったらと、申し込んでくださるようです。相談者は話すことで、心と頭の整理が進んでいきますので、丁寧に話をお聴きしています。記憶がさかのぼり、数十年前の家族の話をされることもあります。実務とは関係ない昔話も、悩む人にとっては、「聴いてほしいことを話す」ことこそが、一番大切な過程になります。心に寄り添うことで、信頼関係を築き、心の奥まで開示してくださるのです。

相談内容の主となっている相続は、民法と相続税法の二本立てのため、何を優先するかにより、選択の方法は変わってきます。実務者が誠意をもって対応しても、どうしても専門分野の傾向が出るため、相談者には違和感を覚える可能性があります。私は第三者的な立場でお話を伺い、相談者の価値観を尊重し、真の希望を引き出すようにしています。

また実務の専門家にとっては、漠然とした状況からの対応よりも、方向性が明確になった状態、つまり仕事依頼からの対応の方が効率的です。精一杯の提案も、勧誘と思われてしまうことがあり、そのジレンマの解消につながります。

相談者の感情が整理されていない段階において、じっくりとヒアリングをするのは、もっともカウンセラーが得意とするところです。ただし長ければいいというものでもありません。本人が一番驚いたのですが、ある質問一つで、一瞬にして希望が180度変わった相談者がいました。大事なのは、相談者がどのような選択をすれば、自分自身にOKを出せるのかであり、その気づきを得るためのやりとりになります。

さて、対面相談では地域が限られますが、電話を使うと、その壁を超えることができます。株式会社バーニャカウダは、カウンセラーとして私の存在を認めてくれた企業です。「相続は実務専門家による手続きである」という思い込みから抜け出し、独自の活動をしていることを評価してくれました。女性専用匿名電話サイト「ボイスマルシェ」の相続分野の相談員に加わると、そこで応援し合えるカウンセラー仲間にも出会いました。実はこのサイト自体が、生涯働けるしくみを作っており、超高齢社会のお手本のような場所でした。実際に人生の大先輩が在籍され、その活躍ぶりには大いに刺激を受けています。ちなみに、スカウトされたときのCEOの言葉は、「120歳まで相談員を続けてください」でした。

6　実務者でも心理系でもピタッとこない　終活だからお受けできた相談例

終活カウンセラーだからこそお受けできた例をご紹介します。よくある「自宅の相続登記をしていない」問題でのこと。相談者Aさんは、母親を亡くしたばかりでした。母親は三姉妹の跡取り長女で、婿を取り、一生実家で暮らした人です。母親の父親（Aの祖父）が亡くなった時、妹たち（Aの叔母）は長女が実家を継ぐことを口頭で了承しました。

しかし、二十年近く経って突然、その実家不動産の取り分を要求してきました。登記をしていない以上、実家は三姉妹の共有の状態で、既に不動産鑑定士に依頼し、不動産の評価まで出してあったそうです。叔母たちは家庭裁判所の調停に持ち込み、母親はショックを受け、急死されたそうです。

母親亡きあと、当事者となったAさんは、叔母の要求に従うことを決めていました。しかしその前に、叔母たちが何故そのような事を言い出したのか、教えて欲しいと言うのです。当然ご本人にしかわからない事ですが、推測でいいので、どうしても理由を知りたいとのご希望でした。きっと気持ちの整理が必要だったのでしょう。

まず、長い年月の間には、経済面を含め、家族の事情が変わり、人の気持ちも変わることをお伝えしました。叔母たちは結婚後、仕事と家庭の両立で苦労したそうです。亡き母も、実家の跡取りとして、育児に協力していたとのことです。しかし叔母たちには、親元で暮らす専業主婦の姉が、どう見えていたのかわかりません。三姉妹とも子どもを持ちましたが、内孫と外孫の違いもあります。日本人は家族に対し、契約を要求するのは大の苦手で、少し言いづらい思いをしても、実家を姉に譲ると言ったその時に、ハンコを押してもらわなかったことが、結果、今の状況を招いたことをご説明しました。

Aさんは、やっと腑に落ちたと言いながら、2、3度大きくうなづきました。そして、「法的に決着がついても、叔母たちの気持ちや事情を理解できなければ、自分の中でこの問題を終わらせることはできなかった」と、何度もお礼を言ってくださいました。

7 これから終活カウンセラーを目指す人へ

仕事として終活カウンセラーをしていくのでしたら、資格取得後も常に勉強と情報収集が必要です。加えて、個別相談をお受けするには、表面的な終活の知識だけでなく、想いや理念をしっかり持って臨むことが大切です。そして、カウンセラーとして何よりも大事なのは、「あり方」です。力（仕事・役職・人脈・収入・健康など）を手放す過程の方々と対するのですから、自分の力を示したい人には向かないでしょう。「この人には悩みを話したくない」と思われた瞬間、その時点でカウンセリングは成立しなくなるのです。

「やりがい」、という意味では、働き方が大きく関係してくると思います。団体の運営者として、組織の一員として、独立系、といろいろな立ち位置がありますが、それぞれ受け取る喜びや感謝をしてくれる人は、微妙に異なります。形になるまでの過程も違いますし、報酬のしくみも異なるでしょう。ですから違う立場にやっかみの気持ちを持つのは、筋違いというものです。すべては自己責任です。

私は初めから自立、つまり自分で集客することを目指しました。純粋な相談業という形は、自らの想いで決めたものですし、年齢に合ったペースでオファーに対し1件1件検討して受けることができるため、自分らしい働き方が可能です。定年もありません。ただし、独立系が存在を認めてもらい、集客するというのは正直簡単なことではありません。時に見下げられることもありました。しかし自分を信じて、その時その時できることを精一杯取り組み続けています。その小さな積み重ねが道を開き、私をここまで連れて来てくれました。まだまだ立っている場所は狭いのですが……。

カウンセラーとして気をつけたい相談は、自分の提案の味方にしようと、依頼が来ることです。悩みには寄り添いますが、「姉が墓守をするのがいいに決まってますよね」「弟が親と同居をするのは当然ですよね」といった内容には、慎重な対応が必要です。相談者本人のことではない以上、相手の決める領域のことであることを伝え、よく話し合っていただくようお願いしています。

相続は、親の作った家族からの卒業の時でもあります。離婚をして、新たな人生を始める人がいるように、きょうだい関係も同じです。争いたくて争う人はいません。仮に相続を機に、縁を切るような結果になっても、良し悪しのジャッジはしません。道徳を教える教師と勘違いをしないことです。いつもフラットな状態を保ち、相談者の選んだ道に、偏りのない立場でエールを送るよう意識しています。恨み・憎しみ・悲しみといった感情に向き合うので、時々セルフヒーリングの時間を持つように心がけています。

エンディングノートはとても便利なツールですので、お勧めしています。ただしご夫婦には、ある項目について、口頭でも伝えるよう提唱しています。それは感謝の言葉。どんなに気持ちを込めてメッセージを残しても、先に逝く方は、相手のノートを見ないからです。恥ずかしさはありますが、同世代である夫婦は、誕生日や結婚記念日を利用して、ぜひ感謝の気持ちを伝えることにトライしてみてください。

葬儀やお墓は、古くからの慣例を破り続けていますし、終活の世界は、いま変化をし続けています。また近頃は、超高齢社会に役立ちたいと、現役大学生が参入し、終活カウンセラーのイメージを変えつつあります。いかにも終活という場所だけでなく、商店街・商業施設の店員さん、鉄道の駅員さんなど、日常の生活の場で終活カウンセラーが日本中に増えていってくれたら、今よりも暮らしやすい社会につながるのではないでしょうか。

誰もが、自分だけのたった一度の人生を生きています。その乗り越えてきた経験すべてを活かすことができるのが終活カウンセラーです。人生の新しい気づきに立ち会える瞬間は、とても感動的です。22歳の時、生と死をテーマに卒論を書き終えて心に決めたのは、「金太郎飴みたいに、どこを切っても自分がいる、そんな人生を歩みたい」でした。現実はその理想とは違い、仮面を被らされたような時期を過したこともありました。

しかし今は、終活により勇気を与えられ、本当の自分を取り戻しています。そして終活の仲間が増えていくことで、日々の暮らしを楽しくしてくれています。これからも私らしく活動を続け、それを私の生きた証としたいと思います。

〈経歴〉

出身：東京都　　　居住地：神奈川県在住　　　婚姻：既婚

最終学歴：清泉女子大学文学部卒業

職歴：旭化成ホームズ株式会社

〈資格取得〉

2012年　ハウスキーピング協会　整理収納アドバイザー２級取得

2014年　日本相続コンサルティング協会　相続カウンセラー初級取得

2015年　日本相続コンサルティング協会　相続カウンセラー上級取得

　　　　終活カウンセラー協会　終活カウンセラー初級取得

2016年　終活カウンセラー協会　終活カウンセラー上級取得

　　　　終活カウンセラー協会　エンディングノート書き方講師認定

2018年　日本プロカウンセリング協会　２級心理カウンセラー取得

〈実績〉

★女性専用匿名電話相談サイト「ボイスマルシェ」相談員

★藤沢ビジネスフォーラム　会員

★NHKニュース「シブ５時」出演

〈活動所在〉

■ホームページ　女性のための終活輝きサロン　http://87life.net/

■ブログ『相続こころの整理術』　http://87life.net/blog/

■合同会社　ベターライフサポート

　住所　〒213-0015

　　　　神奈川県川崎市高津区梶ヶ谷２丁目５番地３２　桐栄ビル２F

「私」を生きる～あなたが、あなたらしい人生を生きるために～

日なたみこ（心理カウンセラー・コーチ）

1　プロフィール

南米ベネズエラ生まれ。25年間、大手ＩＴ企業に勤務。在職中、青年海外協力隊として、中米コスタリカ共和国にて、シンクロ・ナイズド・スイミングを指導。休職参加第1号となる。帰国後、ＣＳＲ（Corporate Social Responsibility：企業の社会的責任）部門に希望異動し、働く女性のクオリティ・オブ・ライフ向上のためのプログラムなど、数々の社会貢献プロジェクトを企画推進し評価を得る。自らも結婚して、３人の男の子の母となり、仕事と家庭の両立を目指しつつ、自分らしく生きることを追求。

人生の半世紀である50歳を機に、「日なた みこ カウンセリング オフィスＰＵＲＡ　ＶＩＤＡ（プラビダ）」を立ち上げ、〝「私」を生きる〟をテーマに、オリジナルメニューを提供。仕事も家庭も人生も、あなたらしく生きるための「バランス♥美人コーチング」や、心理×筆文字で描く「こころキャンパス」などがある。

併せて、対面や電話でのカウンセリングを行いつつ、カウンセラーを養成する講座の講師を経て、現在はメンタルクリニックで心理カウンセリングを行っている。

2　怖い！　と思っていた「心理」。気づけば、心理カウンセリングの「講師」になっていた

私は、10代の頃から、自分は何のために生まれてきたのか？　と、よく自分に問うていました。そして、20歳になったとき、「たとえ明日死んでも、悔いのない今日を生きる」と決め、それを具現化するために、「20代は好きなことを思いっきりやる！　30代は子育て、40代はそれまでの経験からコレ！　というものを見つけて、50代で極める」と、心に描きました。

そして、20代前半で青年海外協力隊に参加。途上国と言われる国で2年間暮らし、現地の人とともに生活をする中で、人の幸せは決して経済価値だけでは計れない、つまり「物質的な豊かさ＝幸せ」とは限らないことや、人として大切なことなど、たくさんのことに気づかせてもらいました。

30代で3人の男の子を出産し、3回の育児休職と復職を重ねる中で、女性が働きながら子育てをすることのひとかたならぬ苦労を体験しました。その苦い経験から、女性が妻や母と

してだけではなく、1人の女性としても人生を謳歌して生きるには、仕事と家庭の両立に加えて「自分軸で生きる」ことが、いかに大切かということを痛感しました。

そして、40代を迎えましたが、自分の中で「女性の生き方」や「自分らしい人生を生きる」ことがクローズアップされればされるほど、私自身が自分らしい人生を生きていないことに愕然として悩み、その解決の糸口を見つけたいと様々なセミナーに通いました。

心理カウンセリングにも興味はあったものの、当時の私は自分と向き合うことが怖くて、なかなか踏み出せないでいました。そんな時に、コーチングとの出合いがあり、「ライフ&ビジネスコーチ」となりました。

コーチをする中で、一生懸命に人生を進めようと頑張っているのに進まない方の多くは、これまでの人生の中で負った心の傷が邪魔をしていることに気づきました。それが、人生を進めるうえで、心理面でのブレーキとなっていることがわかり、そのブレーキを緩めるには、やはり心理カウンセリングが必要であると思いました。

そこで、門戸をたたいたのが、「心理カウンセラー養成講座」でした。勇気を出して踏み出した「心理」の学びは、学べば学ぶほど興味深く、さらに、学びを実行に移すと、自分の人生が180度好転していることに感動をおぼえました。そして、気づいたら、怖いと思っていた「心理」を教える「講師」となっていたのです。

3　心理カウンセラーを養成する「講師」という仕事

心理カウンセラーを育てる「講師」として日本全国を巡り、北は札幌から南は博多まで出張するのですが、毎週末のことですから体力的にも大変です。しかし、心理や人に関心を寄せる人たちとの出会いは、私にとって元気の源です。その中でもTさんとの出会いは、思い出深いものでした。

Tさんは、当初帽子を目深にかぶり、決して人と目を合わそうとしませんでした。かなりのオーバーワークと職場の人間関係が原因で、パニック症とうつ病を併発され、退社を余儀なくされたのです。さらに、病院で処方された薬が体に合わず、アトピー性皮膚炎にも悩まされていましたが、薬で辛い思いをしたため、自分自身で治そうと決心して、講座に来られたのです。本来は心理カウンセラーを養成する講座ですが、Tさんは自らのために参加していました。

講座では様々な角度から人間というものを学びます。そして、約1年の間、Tさんは講座に足を運び、修了時にはなんと自ら人前に出て、見知らぬ人に声をかけられるようにまでなりました。

最後にTさんが言われた言葉「もう大丈夫です！」は、今でも私の心の中に響いています。心理カウンセリングの「講師」は、同時に「心理カウンセラー」でもあります。だからこそ、机上の空論ではなく、私自身も臨床経験を重ねることで、現場での経験が講座にも活かされる、そんな仕事です。

4　心理カウンセラーとしてもっともうれしいとき

「辛く悲しい話を聴くと、自分まで暗くなりませんか?」。これは、私が心理カウンセラーになって以来、よく受ける質問です。確かに、カウンセリングを受けに来られる方は、辛く悲しい思いを抱いて来られます。ですから、楽しい話ではなく、ときに涙される方も多くいらっしゃるのがカウンセリングの現場です。

相談者の方から話を伺う中で、「これほどちゃんと話を聴いてもらえたことはなかった」「ホッとして、やっと安心して泣くことができました」などの言葉を聞くと、「これまでの人生、どれだけ我慢して頑張ってこられた方なのでしょう」と思います。中には、「もし私だったら、到底乗り越えられなかっただろう」と感じるほど、重い問題を抱えている方も少なくありません。そのカウンセリング現場で思うことは、「人は辛かったり悲しかったりする体験が、人を成長させるのだ」ということです。なぜなら、人は嬉しい楽しいときに「何で?」と思う人は少ないからです。

一方、辛く悲しいときは「何でこんな事が起きてしまったのだろう」「この先どうしたら良いのだろう」と、思い考える生き物なのです。そして、思考の結果、その体験が未来に繋がる糧であると気づいたとき、「あの辛い苦しい体験があったからこそ、今の私がいる」と思えるのです。

しかし、人は悩んでいるとき、ついネガティブな思考に偏ったり、堂々巡りに陥ってしまったりするものです。そこで、心理カウンセラーが、相談者の人生に寄り添わせていただき、頑なな思考を柔軟にしていく役割を担うのです。相談者のお顔が、お会いする時より帰られるときの方が明るくなっている……。そんな人生の過程での瞬間を味わえるのが、カウンセラーの醍醐味です。

だからこそ、相談者が自信をなくして、もう駄目だと思っても、カウンセラーは「大丈夫！」「一人じゃないよ！　ともに考えていきましょう！」と言えるのだと思います。

5　これからカウンセラーを目指す人に

「私は、○○という辛い体験をしたので、同じような方々を救うために、○○カウンセラーになりたいと思っています！」。これは、理屈としては理解できます。しかし、ここでちょっとだけ考えて欲しいのです。それは、○○の体験は、あなたの中で、既に経験値になっているかどうか？　ということです。

つまり、○○の体験を語るとき、涙が出てきたり、憎しみや恨みなどの感情が込み上げてきたりしないかどうかです。もちろん、経験がないよりは、ある方が良いと思います。辛い経験をしたからこそ、相談者の心に寄り添えるのですから。

しかし、その○○という辛い体験が、過去の経験値として昇華されていない状態で寄り添ってしまうと、「これだけやってあげているのだから、感謝されて当然」という自己中心的な思いになってしまったり、「あの人は可哀そうな人だから、私が支えてあげることが必要なんです」という相談者を利用して、自己肯定感を埋めるような行為をしてしまったりすることになりかねません。これでは本末転倒になってしまいます。

私は、カウンセリングはある意味、子育てに似ていると思っています。我が子が、自我を確立していく過程で、親はそれを見守る。危なっかしいと思っても、失敗をすることも人生の経験になると信じて、敢えて手を出さずに見守る。そして、子どもが不安を感じているときは、「大丈夫！ちゃんと見ているから、頑張ってごらん！」と、最後までやり通すことができるように、少しだけ後押しする。そんなスタンスが必要です。なぜなら、いくら我が子が可愛くても、親は子の人生を歩むことはできないからです。子どもが自立していく過程を見守り、ひたすら信じて応援していくしかありません。

相談者は、大人であることも多いですが、人生に迷っているときは不安を感じています。

自分の人生を歩んでいけないと悩んでいます。ですが、カウンセラーが相談者の人生を代わりに生きていくことはできません。相談者が自分の人生を歩んでいけるように、自立を支援していくしかないと思います。

そのためには、カウンセラー自身が自立していることは不可欠でしょう。○○という体験を活かしたいと思うならば、まずは自分が十分に癒されることが必要です。そして、○○の体験が、経験値として落とし込まれたときに初めて、あなたは○○という体験を乗り越えたことで、同じような状況で苦しんでいる人に寄り添える○○カウンセラーになれるのです。

6　辛い体験を乗り越えて、未来につなげる

そんな私も、すんなりとカウンセラーになれた訳ではありません。

中でも、一番辛かったのは、職場の上司が自死を選んだことです。当時の私は、「何もしてあげられなかった」と自分を責めに責めました。あれから7年の月日を経て、今ではやっと、あの辛い体験も、私を心理カウンセリングの道に向かわせた出来事の一つだったと思えるようになりました。過日、上司のお子さんや奥様にお会いする機会がありましたが、奥様は、まだまだやりきれない気持ちを抱えていらっしゃいました。

日本における自殺者数は、ここ数年減少傾向であるとはいうものの、決して低い数字では

ありません。また、このように残された家族や友人、職場の同僚などは、「自分は救うことができなかった」「私が、もっと早く気づいてあげていれば、こんなことにならなかったはず」と、自分を責めたり、無力感にさいなまれたりし続けるのです。

メンタルヘルス対策の施行など、国や行政でも取り組みを強化していますが、やはり、心理カウンセラーがやるべき領域ともいえるのではないでしょうか。

私自身、会社勤めの頃は、通勤電車がたびたび止まることに心を痛めていました。職場の上司が自死を選んだことは、今でも悔やまれます。しかし、だからこそ、辛い体験をそのままにしておくのではなく、未来につなげることで、弔いの気持ちを行動に変えていきたいと思っています。

7　すべての人が「生まれてきて良かった!」と思える社会を目指して

今、私は50代となり、20歳のときに思い描いた「極める」年代になりました。40代で見つけた「心理カウンセラー」という仕事を極めていく段階になりました。もちろん、この仕事は、私の生涯のライフワークとしてやっていくつもりです。人さまの人生に関わらせていただき、心に寄り添わせていただくことは、自分の心が元気である限り、私が人生を終える、その瞬間までできる得る仕事だと思っています。

その想いを応援してくれるかのように、最近はよく「このように歳を重ねていきたい！」と思える素敵な女性に出会います。

御歳83歳のセラピストのMさんは、私が50歳で心理カウンセラーになったときの不安を相談したとき、「私なんて65歳で夫に先立たれ、70歳でこの世界にきて、今83歳よ。あなたなんて、まだまだこれからよ！」と、私を勇気づけてくれました。Mさんの凛とした美しさと可愛らしさは、これから私が目指していきたいカウンセラー像となりました。

また、同業者であるカウンセラーのHさんは、大晦日の夜、多くの人が家族や友人と過ごす、そのときこそ、寂しい想いを1人で堪えている方に寄り添うべく、昨年の年越しは、相談者の方のお話を聴きながら新年を迎えられたということです。そして、私が家族と過ごしたことをお伝えすると「当然よ！　私はもうお婆ちゃんだから。今あなたは、大切な家族を第一優先にしてね。できるようになったら、やれば良いのよ！」と、さらっとおっしゃいました。

そのとおりですね。自分を犠牲にして、人さまに寄り添うことは、ときに無理を生んでしまいかねません。そんな状態で、「あなたのために……」なんて言われても、私だったら遠慮してしまいそうです。だから、無理をするのではなく、今できることをする！　そして、人生を精一杯生きる！　ことが、これからの人生に繋がっていくのだと信じています。

まさに、私が20歳のときに描いた「たとえ明日死んでも、悔いのない今日を生きる」ことですね。

そして、私の夢は、「この世に生を受けたすべての子どもたちが生まれてきて良かった！と思えるような社会にする」ことです。その想いを心に描き、これからの人生をかけて、社会に貢献していきたいと思います。

20代前半で青年海外協力隊員として赴いた途上国の子どもたちは、みな笑顔でした。瞳が輝いていました。日本の子どもたちの瞳が輝くには、まず、大人の私たちが自分の人生を謳歌して、「生まれてきて良かった！」と思える人生を歩むことが大切です。そのために、私ができることを、これからも「心理カウンセラー」という仕事を通して、生涯にわたり続けていきたいと思っています。

〈略　歴〉

20歳　大手IT企業に就職

22歳　JICA青年海外協力隊に休職参加 コスタリカでシンクロ・ナイズド・スイミングを指導

30歳　青年海外協力隊OBと結婚

33・36・39歳　長男・次男・三男を出産

43歳　ライフ&ビジネスコーチの資格を修得

46歳　心理カウンセラーの資格を修得

47歳　ライフワークカウンセラーになる

49歳　「心理カウンセラー養成講座」の専任講師&心理カウンセラーになる

50歳　日なた みこ カウンセリングオフィスPURA VIDAを設立

〈主なメディア実績・講演〉

1994年　講談社『ボランティア はじめの一歩』出版

2008年　こども未来財団・日本フィランソロピー協会主催「企業とNPOの子育て支援協働推進セミナー」登壇

2008年　日本テレビ・内閣府提供番組「仕事と生活の調和」にゲスト出演

2010年　『NECワーキングマザーサミット』パネリストとして登壇

2010年　読売新聞・特集記事『シゴトON × OFF自由時在 ～育休ママらの心支える～』掲載

2014年　埼玉県男女共同参画推進センター主催『働きたいママのためのおしゃべりサロン～等身大モデルに学ぶ、女性の生き方～』登壇

2016年　三浦半島地区教職員組合主催「教職員の為のメンタルヘルスのケア」にて講演

2017年　ルミネ・ショップマスター会にて「電話カウンセリングの普及促進」を講演

〈相談窓口〉

■オフィシャルサイト　「私」を生きる　http://www.mico-smile.com

■匿名電話カウンセリング「ボイスマルシェ」　日なたみこ
https://www.voicemarche.jp/advisers/483

初めてうつになったら絶対に私と出会ってほしい

吉川淳子（うつ病回復支援専門カウンセラー）

1　吉本に入らなかったからカウンセラーに⁉

「幼い頃から人を笑わせることばかり考えていた」とビートたけしさんが言っていたのを聞いて、大声で「いっしょだー‼」と私は叫んだ。

名古屋市内であってもど田舎にある故・川島なお美さんと同じ集合住宅で育ち、ナゴヤドーム至近の小学校に転校し、教師から恐れられる中学生時代を過ごし、進学校かもしれない高校で故・岡田有希子さんと共存していた頃（同級生ではない）、将来何になりたいかと担任に聞かれた。西へ行くなら吉本、東へ行くなら銀座でチィママと本気で言おうとしていた。なぜなら人を笑わせたいから。みんなが笑顔になるために私は生まれてきた。だから私にとってお笑い芸人もチィママもカウンセラーも同じ。

2　〝名カウンセラー〟と言われてシフトチェンジ

①私が選んだ職業街道

私は中学の時の入院をきっかけに看護師になりたいと思いました。高校1年の時、教室で進学雑誌を友人と見ていたら、授業後教室にいたマーチン（保健体育の先生）に「看護師になりたいんだったら千葉大もあるぞ！」と言われ、道がぱっと開けた感じがしました。

当時はまだ女性が地元を離れ、四年制大学を受けるのは稀なことだったので、自宅に近い短大を受けるしかないと思っていました。今のように看護学部がどの地方にもある時代ではなく、国立大では唯一千葉大しかなかったのです。もちろん家族は反対しましたが、どうせ看護師になるなら上を目指そうと決心したのです。

私の育った家庭は365日のうち360日は両親が争っており（マイナス5日は父の出張）、居心地の悪い空間でした。マーチンのひとことのおかげで目の前に開けた道には、唯一の国立大＝周囲を納得させられる、千葉＝家を出られる、看護師＝安定収入＝一生親の世話にならなくて済む、と映し出されていました。

しかし現役で合格したものの家族の反対を押し切ったわけですから、恐怖の極貧生活が始まりました。家賃1万5千円でお風呂なし、銭湯が1回270円、仕送りは4万円でした。大袋の菓子パンを3日に分けて食べたり、お風呂代を節約するためにお湯を沸かしてタオルで身体を拭くことも当たり前でした。

幸い見かねた大学の先輩方がご飯をおごってくれたり、家庭教師のアルバイトを譲ってくれたりして徐々に生活は安定しました。ただ医療系の教科書は高価で全部揃えることはできず、友人に貸してもらいノートに写していました。

当時は四年制大学の場合、卒業時点で看護師免許と保健師免許の両方を取得できたので、就職ではまず看護師を選びました。

「保健師はいつでもできる、交替勤務は若い時しかできない、医療現場で働いてみたい」と子どもが好きだった私は迷わず小児外科病棟を希望しました。交替勤務は身体的にハードではありましたが、やりがいのある仕事でした。5年間看護師をして自分の中ではそれなりの区切りがついたので、「次は保健師の資格を使ってみよう」と中小企業の巡回保健指導、大企業の地方支社の健康管理、看護学校の非常勤講師などをして2年ほど過ごしました。

②立ち直って自信に変える

結婚で再び千葉で生活をし始めました。平和な家庭を作りたい、子育てに専念したいと思っていましたが、平和な家庭を学んでいない私にとっては育児があまりにも苦しく行き詰まったため、上の子が2歳の時に非常勤で働き始めました。

その後、母校のご縁で大企業の保健師として就職することができました。卒業時点で描いていた「いつか企業の保健師に」という夢が実現しました。しかし家庭との両立は厳しく、仕事が充実すればするほど家族の不満は募り離婚に至りました。子ども3人と住宅ローンを抱えてのシングルワーキングマザーという生き方が始まりました。

何しろ親1人に子ども3人ですから目も手も行き届かないのは当たり前、いろいろなことが起きました。忘れ物などは序の口で、先生をはじめ周囲の人にどれだけ頭を下げたかわかりません。子どもたちにも申し訳なく、こんな環境を作ってしまった自分を責めてしまうこともありました。それでも落ち込んで立ち直る度に「私できるじゃない！」と自信につなげてきました。

③心も身体も両方が大事

保健師として一番長く勤めたのは医療職が私一人の事業所でしたが、徐々に社員の人たちと信頼関係を築くことができ、何でも相談しに来てくれるようになりました。

ある日いつも笑顔で元気な社員が相談に来ました。転職することが決まったら今まで一緒に働いてきた仲間が冷たくなった、何だかがっかりして食欲も出ないとのことでした。よく話を聞いた後私は「あなたが自分の進む道を決めてイキイキとしているのにそれを応援できないなんて、それほど大事な人じゃないってわかってよかったですね」と言いました。数日後、「あれからとても楽になったよ、さすが〝名カウンセラー〟だね」というメールをもらい、自分がカウンセリングをしていたことに初めて気づきました。カウンセラーという仕事を意識し始めたのはまさにその時でした。元気のなかった人が元気になるのはとても嬉しいことだと改めて感じました。

保健師はどちらかと言うと身体的な健康面を支えていく役割なので、「血圧を下げるために運動してみましょう」「コレステロール値が高いので肉は控えめにしてください」という面接を毎年定期健診後にしていました。

しかし、次第に社内でうつ病になる人を経験するようになり、身体に気をつけるためには、まず心が元気じゃないと無理なのだろうということに気づきました。もちろんその逆もありますが、心の元気がないと意欲が湧いてこないので、運動や食事のコントロールをする気分になれません。自分は精神面を支える方が得意かもしれないと興味が出ました。

そして今度は、カウンセラーとしてやってみたいと強く思うようになりました。大企業の正社員であればシングルマザーであってもある程度生活は安定しているのに、これもまた周囲の反対を押し切って私は安定を捨てました。

3　自死を減らしたい

看護師は、勤めた場所である程度専門性が決まりますが、カウンセラーが個人事業主としてやっていくためには、自ら専門分野を決めなくてはなりません。私はもともと企業の保健師をしていたので社員の健康についてあらゆる相談を受ける何でも屋さんでした。ですから当初、他のカウンセラーのように「私はコレ！」というものがまったくなかったのです。

カウンセラー業で3年が過ぎ、ようやく「コレ」が定まりました。私にできること、他の人がやりにくいこと、皆が笑顔になること、それは「うつ病になる人を減らし、うつ病からできるだけ早く回復できるよう支援する」ことでした。

うつ病になった本人は頭の中が混乱して正常な判断が難しくなります。自分はうつ病なのかそうでないのか、重症なのか軽症なのか、薬を飲んで良くなっているのか変わっていないのか、復職できる状態なのかまだ無理なのか、わからなくてとても不安になります。私の強みは現在の状態からうつ病のどの時期かと適切に捉え、本人がどうすればよいかを個別に伝えること。医療側にも治療マニュアルはありますが、症状は十人十色で回復過程も十人十色なので、うつ病の回復には個別メニューが必要なのです。第三者のプロ目線で「まだ休んだ方がいいよ」「まだ無理ね」「そろそろエンジンかけてみる?」「またがんばり過ぎちゃったね」と声をかけながら笑顔になるまで支援できるのです。何よりもうつ病で自ら命を絶ってしまう人を減らしたいと思っています。

よく質問されるのが、カウンセリングは何回受けるのか、どのように進むのかということです。

落ち込みがひどく混乱していると思われる時は1週間以内に会うようにしています。自死のリスクを感じ3日後に会ったこともあります。苦しい時は自分を否定し、今までにない孤独や焦りを感じているのでとても危険なのです。

そこで「あなたのことを心配しているよ」というサインを出し続けます。会えない数日も電話やメールで揺れる気持ちを吐き出してもらい、それを私が受け止めます。その後落ち着いてきたなと判断したら、2週間隔、4週間隔と会うまでの期間を延ばしていきます。4週間隔にしてまだ不安定だと判断したらまた期間を縮めてみます。この判断もカウンセラーの仕事です。

うつ病の症状のひとつに「判断力の低下」があります。クライアント本人が「大丈夫」と言っても焦って判断している場合が多く、カウンセラー側の見立てが重要です。

クライアントの状態や背景を早期に捉えて、どんな配慮や声掛けをしていくかがとても大切なのです。これこそが家族や友人との大きな違いです。プロの目で早期に適切な判断をしなくては苦しむ期間が長くなってしまいます。苦しむ期間をできる限り短くするには、カウンセラーとしての実績も必要ですが、最も重要なのは、どれだけ本気でその人を心配し早く元気になってもらうのかという意気込みだと思っています。

クライアントへの感情移入のしすぎは危険と思われるかもしれませんが、それが私のやり方です。自立を促す線引き、本人と社会とのつながり、カウンセラーが離れた時のサポート体制などを巡らせながら、精一杯気持ちを注いでいます。

幸いにも十分に時間をかけることができれば、ほとんどの場合はゴールが見えてきますが、要する期間もそれぞれ違っており3ヶ月の人もいれば3年かかる人もいます。早くゴールすることが良いわけではなく、その人なりのステップを踏んで到達することが大切だと感じています。

悩んでいる時は頭の中に絡まった糸が団子状になっているようなイメージなので、いろいろな角度から少しずつほぐす作業をします。この作業期間がそれぞれに違うところで、するっとほぐれる場合もありますが、なかなかほぐれず角度を変えて試しながらほぐしていくこともあります。

4　天職だから楽しい！

よく「人の悩みを聞くと疲れない？」と聞かれます。

もともと人が好きで、好奇心旺盛なので人の悩みを聞くと疲れるよりやる気が出てくる感じです。「どうすればこの人が元気になるか」を中心に考えているので笑顔になる日を勝手に想像しながらある意味ワクワクしています。

カウンセリングが進んでくるとクライアントに気づきが増えてきます。皆さんいろいろな表現で私に伝えてくれます。あの時はこうだったけど今はこう思うという変化を聞くと私は全身に鳥肌が立つので、そのまま「うわぁ今の鳥肌立った〜」と伝えてしまいます。

面談後トイレの個室で小声で「ヨッシャー！」とガッツポーズをしていることもあります。全力でその人に関わってきているので本当に大きな喜びになるのです。そうしてゴールを迎えた後にも、しばらくしてから家族や知り合いを受けさせたいと紹介してもらえるのがとても励みになります。

最初にうつ病になったのが10年くらい前で、再び具合が悪くなった段階でクライアントと面談することがあります。過去の状況を聞くとなぜその時に出会えなかったのかととても悔しい思いをします。「うつ病は再発しないようにしましょう」とよく言われますが、実際には最初の時に完治していない状態の人がほとんどなのです。それほど、うつ病が治ったかどうか見立てるのは難しいのです。

うつ病は初めてなった時がとても肝心です。最初にしっかり治せば再発は防げると思っています。薬をまじめに飲んでいれば治るというものではありません。多くの場合はカウンセリングを併用して、うつにならないために今後どうするかを一緒に考えて本人が変化しなければならないのです。これならもう大丈夫と見極める役割が必要なのです。私はカウンセリング技法というものを特に用いませんが、うつ病の重症度の判断や回復具合を見極めるのを得意としているので、それをいつか理論的に説明できるようになりたいと思っています。

5　クライアントさんからのプレゼント

それぞれのカウンセリング過程を経てゴールをするとプレゼントをもらえることがあります。以下は私が受け取った一部です。

■（前略）……大げさでも何でもなく、吉川さんに出会っていなかったらこんな未来はなかったと思います。本当にありがとうございました。またお会いしたいです！（笑）（20代／女性）

□彼女は職場になじめず体調を崩し仕事を続けようかどうしようかを悩んでいました。電話も面談もいつも泣いていました。少しずつ勇気づけ、心配な状態でしたが彼女がここまでやりたいという時まで支援し納得して退職しました。ゴール地点ではかなり強くなっていました。

■今日で最後ですが、あの時電話をして本当に良かったです。以前の生きづらさのようなも

のがなくなりとても気持ちが軽くなりました。（30代／女性）
□仕事上の出世か結婚かで悩んでいました。当初は彼もいなかったようですが、約1年間お会いして少しずつ芯がしっかりするようになり見事に結婚退職を果たしました。
■自分でも感じていなかった考え方、感情を気づかせていただき、自分を再認識できました。説明下手な話を丁寧に聞き、整理していただいてありがたかったです。約1年間本当にお世話になりました。（30代／男性）
□人事異動で仕事内容が大きく変わり、わからない焦りや職場の雰囲気になじめずうつ状態になりました。当初落ち着かない状態で心配でしたが、次第に気持ちの変化が現れ転職を決意し、みごとに資格試験に合格し新しい道を歩み始めました。
■昨年はお忙しい中貴重なカウンセリングをありがとうございました。お陰様であの時間に話した〝言葉〟を時折思い返しては励みにしています。今まで言われた経験のない〝ステキな言葉〟が心に刻まれています。（60代／女性）
□かつて面談した方から母が元気がないのでぜひ受けさせたいとのことで、1回だけお会いしました。つらい出来事が一気に訪れ途方に暮れている様子でした。これまでの思いをたくさん話していただきました。うつ状態ではないものの出来れば定期的にお会いしたかったと今でも思っています。

どんな仕事でもそうですが、またがんばろうと思えるのは、これらのご褒美のおかげです。

ちなみに、ゴールを迎えたクライアントの方々は、パートナーができたり、同棲したり、結婚したり、子どもができたり、離婚をやめたりなど、幸せになる率がとても高いです。一度計算してみたら、全クライアント中8割もいらっしゃいました。

6　自分を磨いて商品価値を上げよう

「カウンセラーっていう仕事もいいかも」とこの本を手に取っていただいた人もいると思います。実際に20代～30代のクライアントさんには「カウンセラーってどうやったらなれるんですか？」とよく聞かれます。私としてはとても嬉しいです。

ただ私は、あまり急いでカウンセラーになる必要はないと思っています。ある程度ライフイベントを経験した後の方がカウンセラー自身も楽に仕事ができます。学問が共感を生み出すのではなく人生経験が共感を生みます。経験が自分を輝かせてくれるので、いろんなことにトライしてみて欲しいと思います。

自分という人間がカウンセラーという商品になります。その商品価値を上げるために自分を磨こうと思えば学問も必要ですが、旅をしていろいろな人と触れ合うこと、失敗をして誰かに助けを求めること、人生の壁にぶち当たることもあっていいと思うのです。

ただし早いうちに資格だけ取っておくというのもお勧めです。記憶力が日々低下していくのは間違いありませんので。

7　夢は縁側のおばあちゃん

私は今現在うつ病回復支援専門カウンセラーですが、将来的には子どもたちの未来を守る仕事をしていきたいと思っています。子どもたちの幸せを守るために親世代のうつ病を少しでも減らし、子どもたちが育つ家族の生活を支えたいのです。

特にシングルマザーが公的補助を受けてカウンセリングを受けられる制度が作れたらいいなと考えています。そしていずれ日本国民全員が「ちょっと辛いからカウンセリングに行ってくる」と気軽に利用できる社会になればいいなと思っています。

それが実現してもしなくても、いずれは自宅にサンルームを作り、駆け込み寺のごとく老若男女の悩みを聞いてそれぞれが笑顔で帰っていく、近所の子どもたちが集まりおやつを食べたり自由に話をして笑顔で帰っていく、そんな縁側のおばあちゃんになりたいと思っています。

シリウスは夜空に自ら輝く最も明るい星、皆さんが自ら輝き、笑顔があふれるように支え続けたいと思います。

心理カウンセラー・看護師・保健師／うつ病回復支援専門カウンセラー
〈略歴〉
1965年　名古屋市生まれ
1988年　千葉大学看護学部卒業　看護師、保健師免許取得
　聖マリアンナ医科大学病院　小児外科病棟　勤務5年
　中小企業巡回保健師、看護学校講師などを経て
1999年　三井化学株式会社　健康管理室保健師
2012年　産業カウンセラー資格取得
2013年　退社
2014年　カウンセリングルーム　シリウス設立
シングルで二男一女を育てるワーキングマザー
〈現職〉
カウンセラー：
企業の社員またはその家族を対象とした出張面談および電話相談、
SNS（ブログ、Facebook等）から直接依頼を受けて電話相談
研修講師：企業にてメンタルヘルス研修、新入社員教育研修など
看護大学非常勤講師
千葉県産業保健看護研究会　会長
アドラー心理学　ELM勇気づけリーダー
平成29年・30年度　千葉市子ども・子育て会議保護者委員
〈実績〉
2016年7月号　ひよこクラブ特集記事監修
■ カウンセリング シリウス ホームページ
　：https://counseling-sirius.jimdofree.com/
■ ブログ：「うつ病回復支援専門カウンセラー」
　https://ameblo.jp/sirius-56/
■ メール：minna_egao_sirius@yahoo.co.jp

おわりに

21人それぞれのカウンセラー物語、いかがでしたでしょうか。

物語のなかには、「あっ、これ私だ！」、「私だけじゃなかった！」、「頼りになる人がこんなにいるんだ！」と、共感したり、安心したり、心強く感じた方も大勢いらしたのではないでしょうか。そして、カウンセラーがとても身近な存在であることがおわかりいただけたかと思います。

カウンセラーは、「プロ」「専門家」として先生と呼ばれることもある仕事ですが、決して、偉いわけでも、特殊なことでも、敷居の高いものでもありません。私自身も、最初はカウンセラーに対して近寄りがたい印象をもっていましたが、そうではありませんでした。

医者、美容師、教師、整体師、商店街で商品を売っているおじちゃんおばちゃんなど……。資格保有者だけがカウンセラーではなく、人に関心があり、思いやりを持って接することのできる人は、誰もが「カウンセラー」の資質を持っているのだと思います。

人は人なしには生きていけません。誰かに支えられ、自分も誰かを支える存在です。プライベートな悩みを話すことに抵抗を持つ人がまだまだ多い日本人ですが、生きていればさまざまな悩みが生じ、選択を迫られます。

私は、夫婦問題に特化したカウンセリングを行っていますが、夫婦関係がこじれ、いつまでも同じ悩みを引きずったまま、どうすることもできずに苦しんでいる方が大勢いらっしゃいます。

時間は有限、人生は一度きりしかありません。自分の心を見つめ、心の整理をするには、専門家に相談するのがいちばんの近道です。悩みが生じたり身体の不調を感じたら、すぐにでも相性のいいカウンセラーを見つけて、気軽にカウンセリングを受けてほしいと思います。きっと、あなたの心に寄り添い、親身になって話を聴いてくれるでしょう。

この本の企画が立ち上がり、制作過程の段階で思わぬ副産物がありました。

21人の「共著本」であることから、著者同士の絆を深め、たくさんの仲間ができました。メンバーの中から得意分野を活かした、「編集クラブ」「装丁クラブ」「プロモーションクラブ」が立ち上がり、本のタイトルを決めたり、文章の校正をしたり、表紙デザインを決めたり、本が完成するまでみんなで協力しあいながら、楽しんで創り上げることができました。

新たなご縁ができたことで、今後もさらなる関係やコラボレーションが生まれるのではないかといまからワクワクしています。
生きづらい、と訴える人が多い世の中ですが、こうして日本ももっともっと生きやすく、笑顔に満ちた世の中になりますように……。

もっと身近に！
もっと気軽に！
もっと早く！
カウンセリングが当たり前になる社会を目指して、共に歩んでいきたいと思います。

最後に、この本の企画を提案してくれた日なたみこさん、一緒に創り上げてくれた共著の仲間たち、㈱湘南社の田中康俊さんに感謝申し上げます。ありがとうございました。

夫婦問題カウンセラー　渡辺里佳

●団体・機関ガイド（50音順）

（2018年4月現在）

■一般財団法人 特別支援教育士資格認定協会

URL：http://www.sens.or.jp/

〒108-0074

東京都港区高輪3-24-18 高輪エンパイヤビル8F

TEL：03-6721-6860（平日10：00～17：00）

■一般財団法人　日本コミュニケーショントレーナー協会

URL：http://www.nlpjapan.jp/

〒101-0054

東京都千代田区神田錦町3丁目21番

ちよだプラットフォームスクウェア1157

■一般社団法人 家族心理士・家族相談士資格認定機構

URL：http://kazokushinrishi.jp/

〒113-0033

東京都文京区本郷2-40-7 YGビル5F

TEL：03-3815-2680（休日を除く月、水、木10:00～16:00）

■一般社団法人　終活カウンセラー協会　東京本部
ＵＲＬ：https://www.shukatsu-csl.jp/about/society.html
〒 142-0064
東京都品川区旗の台 4-2-5 ホープイン旗の台 2B
TEL：03-6426-8019（平日 9:00 ～ 17:00）
FAX：03-6426-8029（365 日 24 時間）

■一般社団法人　日本カウンセリング学会
ＵＲＬ：http://www.jacs1967.jp/
〒 112-0012
東京都文京区大塚 3-5-2 佑和ビル 2F
TEL・FAX：03-6304-1233

■一般社団法人　日本グリーフケア協会
ＵＲＬ：https://www.grief-care.org/
〒 202-0022
東京都西東京市柳沢 5 － 15 － 26
協会本部：042-467-6650（水・木 10:00 ～ 17：15 ）
北関東支部：0285-39-6167（水・木 10:00 ～ 17：15 ）

■一般社団法人　日本声診断協会
ＵＲＬ：http://www.koeshindan.jp/

■一般社団法人 日本産業カウンセラー協会
URL：http://www.counselor.or.jp/
〒 105-0004
東京都港区新橋 6-17-17 御成門センタービル 6 階
TEL：03-3438-4568　　FAX：03-3438-4487

■一般社団法人 離婚準備支援協会
URL：http://rikonjunbi.org/
神奈川県横浜市中区花咲町 3-95-3（本社）
TEL：050-3634-0829

■一般社団法人 HASTA 手相学研究所
URL：http://kaze-breeze.com/
〒 110-0016
東京都台東区台東 4-2-4 勝部ビル 102
TEL：03-5812-4947

■共同親権運動ネットワーク（k ネット）
URL：http://kyodosinken.com/category/news/from_knet/
TEL・FAX：0265-39-2116（平日 9:00~19:00）

■公益社団法人 日本アロマ環境協会
「Aroma Environment Association of Japan（AEAJ）」
U R L：http://www.aromakankyo.or.jp/
〒 103-0028
東京都中央区八重洲一丁目 5 番 20 号 石塚八重洲ビル 6 階
TEL：03-3548-3401　　FAX：03-3548-3402

■厚生労働省 社会・援護局 障害保健福祉部
U R L：http://www.mhlw.go.jp/stf/seisakunitsuite/
bunya/000180900.html
以下は、平成 30 年開催の厚生労働省指定の公認心理師
現任者講習会

① 一般財団法人日本心理研修センター
U R L：http://shinri-kenshu.jp/
Email：info@jcpp.or.jp
〒 112-0006
東京都文京区小日向 4-5-16 ツインヒルズ茗荷谷 10 階
・現任者講習会に関するお問い合わせ先
TEL：03-6912-2655（平日 10:00 ～ 17:00）
・業務に関するお問い合わせ先
TEL：03-6902-1880　FAX：03-3944-1885

② 公益社団法人日本精神科病院協会

URL：http://www.nisseikyo.or.jp/education/kenshuukai/kouninshinrishi/

公認心理師現任者講習会事務局

専用ダイヤル：03-6435-4018

（土日祝除く 10:00 ～ 17:00）

③ 一般社団法人日本遠隔カウンセリング協会

URL：https://www.jtaonline.org/

Email：gcontact@jtaonline.or.jp

公認心理師現任者講習会事務局

④ 一般社団法人国際心理支援協会

URL：http://medi-counseling.com/shadan/koshu.html

Email：koninshi@gmail.com

〒 530-0047

大阪市北区西天満 6-2-14 マッセ梅田ビル 2 号館 602 号

TEL：080-5632-8349

⑤ 一般社団法人メンタルヘルス協会

URL：http://www.mental-health-association.jp/ks/

TEL・FAX：03-3944-1180（土日祝除く 10:00 ～ 16:00）

⑥ 公益財団法人関西カウンセリングセンター

ＵＲＬ：https://www.kscc.or.jp/?page_id=8009

〒 530-0047

大阪市北区西天満 2-6-8　堂島ビルヂング５階

TEL：06-6809-1225（日祝除く 09：30 ～ 18：30）

⑦ 一般社団法人日本スクールカウンセリング推進協議会

ＵＲＬ：http://jsca.guide/swfu/d/kouninshinrishi.html

Email：kensyu@jsca.guide

公認心理師現任者講習会　事務局

TEL：03-6902-0701（土日祝除く 10：00 ～ 17：00）

⑧ 一般社団法人日本臨床心理士会

ＵＲＬ：https://jsccp.mixh.jp/

⑨ 一般社団法人こころの臨床

ＵＲＬ：https://www.cocoronorinsyou.com/ 公認心理師現任者講習会 /

⑩ 公益社団法人青少年健康センター

ＵＲＬ：http://skc-net.or.jp/

Email：info@skc-net.or.jp

〒 112-0006

東京都文京区小日向４丁目５？８

TEL：03-3947-7636　FAX：03-3947-0766

⑪ 一般社団法人東京メディカルアンビシャス

〒 143-0016

東京都大田区大森北四丁目 1 番 10 号 5 階

TEL：03-3360-3361 (土日祝日除く 9:30 － 18:00)

■女性専用オンラインカウンセリング「ボイスマルシェ」

URL：https://www.voicemarche.jp/

■チャイルドラインふくしま

URL：http://www.cl-fukushima.org/

〒 960-8034

福島県福島市置賜町 1-29 佐平ビル 8 階

TEL：024-563-4191（平日 9:00 ～ 17:00）

■特定非営利活動法人　日本家族問題相談連盟

（岡野あつこ理事長）

URL：http://www.nikkaren.com/

Email：info@nikkaren.com

〒 151-0051

東京都渋谷区千駄ヶ谷 5-26-5 代々木シティホームズ 803

TEL：03-6274-8064（平日 11:00 ～ 16:00）

■特定非営利活動法人 日本交流分析協会

ＵＲＬ：https://www.j-taa.org/index.html

〒 101-0054

東京都千代田区神田錦町 3-19-21 橋ビル 3F

TEL：03-5282-1565

■特定非営利活動法人　日本ブリーフセラピー協会

ＵＲＬ ：https://brieftherapy-japan.com/

E-mail：koninshinrishi@mhlw.go.jpnfbt@brieftherapy-japan.com

■ NLP Alliance Japan ｜ 米国 NLP TM 協会認可オフィス

ＵＲＬ：http://nlp-alliance.co.jp/

〒 530-0001

大阪市北区梅田二丁目２番２号ヒルトンプラザ

ウエストオフィスタワー 19 階

TEL：06-6885-7659

■ NPO 法人 かっぱらぱ編集室（川島多美子）

ＵＲＬ：http://www5a.biglobe.ne.jp/~kappara/

Email：kapparapa.1998@gmail.com

〒 424-0204

静岡県静岡市清水区興津中町 625-1．4-502

TEL：054-369-4760

■ NPO 法人 レジリエンス

URL：http://resilience.jp/

〒 150-0001

東京都渋谷区神宮前四丁目 14 番 19 号－ 110 A

TEL：03-3408-4616

付随の「読者ハガキ」に、感想・ご意見をいただけましたら幸いです。
また、本書に関する正誤などの最新情報はHPに掲載しております。
下記アドレスでご確認ください。感想コメントもお待ちしています。

「カウンセラー物語」ホームページ
https://counselor.themedia.jp/

カウンセラー物語 ～心に寄り添う 21 人の軌跡～

発　行　2018 年 6 月 1 日　第 1 版発行
著　者　カウンセラー物語を出版する会
発行者　田中康俊
発行所　株式会社　湘南社　http://shonansya.com
神奈川県藤沢市片瀬海岸 3 － 24 － 10 － 108
TEL 0466 － 26 － 0068
発売所　株式会社　星雲社
東京都文京区水道 1 － 3 － 30
TEL 03 － 3868 － 3275
印刷所　モリモト印刷株式会社

ISBN978-4-434-24744-6　C0095